U0050927

親密、孤獨與自由

關於人生的 25 道習題

楊蓓◎著

熟悉的名詞，
化為解決問題的鎖匙

記得於1997年2月，我曾為楊蓓教授的第一冊演講集《自在溝通》寫推薦序，出版後的讀者反應熱烈。她則謙虛地推說，那是因為我寫的序，所以暢銷。楊教授的為人，總是將他人放在最重要的位置，所以她的演講、她的課、她的書，都能讓人感到溫馨、親切，沒有距離感。

現在，這本新書名為《親密、孤獨與自由》，看來是相當羅曼蒂克的，好像是一本傳授戀愛術的妙典，全書分為五篇，不僅有三篇的篇名用了「親密」兩字，以內容而言，幾乎全書的各章各節都是在圍繞「親密」兩字，為讀者爬梳各自內心的種種情緒。

　　因此，這是一本寫得非常高明的心理學書籍，書中採用了許多著名心理學家的名言和論點，但卻又能不落於現代一般心理學家的知見障。例如：心理治療師告訴病人，如何舒解心理問題，但卻無法幫助病人從自我的價值判斷中抽身出來，最多可以跨越、轉化問題，卻無法超越解脫問題。

　　這本《親密、孤獨與自由》中，採用的佛學或禪學的名詞極少，討論的主題，也都是一般青年男女，乃至中老年人所關心的身邊事。採用的焦點，則是集中在「親密」與「孤獨」、「孤單」、「寂寞」；「親密」與「操控」、「反省」；「親密」與「自由」、「控制」；「親密」與「逃避」、「放下」。這些名詞，原本都是屬於形容情緒性的心理狀態，也都是一般人經常在生活中體驗到的心理現象。其中除了「自由」及「放下」，似乎不必帶有矛盾情緒的掙扎和衝突之外，親密遇到孤獨、孤單、寂寞、被操控、反操控、被控制或抗拒控制，以及逃避心理感受，在佛教而言，無一不是煩惱心的異名，但也正是世間眾生心相的常態。所以楊教授就很巧妙地駕御著它們，跟讀者們娓娓而談，談出大家的重重心事。

　　楊教授將「親密」一詞的意含，不僅是指人與人

之間的關係，也深化轉化為每個人跟自己內在自我的關係，唯有放下虛假而顯露真實，不論對人對己，就會感受到沒有距離的親密。唯有享受到對於自我的親密感，就會享受個人的孤單與寂寞了，因為那正是一種寧靜清明的心理經驗。

　　一般人希望操控他人，更習慣於以「裝可憐」及「裝可愛」來操控自己，目的是盼望有所利於自己，這之間既是虛偽，也沒有親密感；如果不想被人操控，也無法操控他人，就想辦法逃避，不僅逃避他人，也逃避自己，這之間既不面對事實，也沒有親密感。

　　由於楊教授曾有十多年的學佛修養以及極為精進的禪修體驗，所以她把那些人人都熟悉的名詞，化成人人都希望解決問題的鎖匙。表面是談心理學，功能則是透過心理學的層面，以佛學禪學的內涵，來為讀者排難解紛。她鼓勵讀者，要「放下」、不要「放棄」；不要「逃避」，要「親密」；不「孤獨」，要「擁抱寂寞」，發現了自己有逃避、孤獨的心態，只要承認了，就可將之轉化為親密了。

　　這就是楊教授在書中所說的：「在我接觸佛法、禪修以後，會開始嘗試在心理學的領域裡，將佛法的

概念，跟心理治療連結起來。」她說：「《心經》的『顛倒夢想』，用來詮釋我們所處的世界最貼切。」若把世人的顛倒夢想，看作是常態，自己就可以是不受操控、不必逃避的人了。

聖嚴

2006年8月12日

當苦澀
轉向開朗寧靜之後

　　小時候，最早的記憶中，不是和大人玩就是一個人在大公園裡玩，享受著呵護與大自然的親近，從沒有孤單的感覺。

　　唸書以後，偶有挫折感覺落寞，頂多五分鐘，外向個性使然，心念立即就被其他的新鮮事所佔據。回想中，即便是一些空檔，腦子裡的疑問和自我對話，也從未暫歇，與自己相處和與人相處一般自然，常常覺得天底下有做不完的事，怎麼會有「孤單」、「寂寞」、「無聊」這些字眼。

　　長大以後，深入許多人的生命故事，帶著許多不同的視框去看這個世界，有些是理論中得來，有些是

經驗中得來，面對人間疾苦，漸漸地，不敢再說大話，心思變得深沉，態度卻仍有些輕率，因為自認為手中握著「助人專業」的權杖，許多事應可迎刃而解。然而，隨著時間的洗禮，視野逐漸擴大，「有限」這樣的字眼終於放進自己的腦子裡。

接納有限，讓我開始嚐到孤獨的苦澀。

原來，人間事不盡如意；原來，無奈的存在是個必然；原來，桃花源中也有泥濘不堪的時候；原來，這麼多這麼多的痛苦，在人類歷史上從未一刻消失過。而人能做的，真的有限。

這樣的苦澀，讓我身心俱疲，然而幸運的我，在這時候進入了禪修的領域。聖嚴師父的教導，僧團法師的引領，周圍善知識的扶持，在實踐中領略禪法的轉化功能，也在自己原本的助人專業中融合東西方不同的觀點，一路行來，眼看著自己的轉變，趣味無窮。

孤獨，漸漸由苦澀轉向開朗寧靜，發現人間依然有限，卻可以是我願無窮。

這本書是由幾篇演講的逐字稿幾經多人修潤而成。原本刊登在《人生雜誌》與人分享，從未有集結出書的打算，幾年下來，發現這些雜文之間似乎記錄

著自己一部分的思考軌跡，值得做一彙整，再加上總編輯果毅法師、《人生雜誌》主編果賢法師的鼓勵與督促，和法鼓文化同仁的協助，這本書才有出版的可能，在此致上深深的謝意，沒有你們，就沒有這本書。

也感謝《人生雜誌》的讀者，一個親切的回饋，一個善意的詢問，都讓我心中興起了與人連結的親近，而被鼓舞，雖然我們互不相識，但是透過文字，我們可以在心靈深處相遇。

謹以此書獻給在關係中受苦的人。人在受苦中，才有轉化的機會，也才有同享親密與孤獨的可能。

contents

目次

01 親密與孤獨

02 親密與操控

01

親密與孤獨

懂得孤獨，才懂得親密

什麼是親密的感覺？

多數人會把親密定義成生活美滿，你儂我儂，彼此分享心情。我對親密的定義跟過去不太一樣，近年來西方人對親密感的研究，從生理上轉成心理上的一個最大的關鍵就是：對自己能不能親密？它無法清楚地定義，但有一個必備的條件，就是「當心安於己上，有滿足之感」。這種滿足感是無法言傳的，就是到任何一個地方，都能很安定、無恐無懼，跟別人相處也就會很平和、體會深刻。

我特別強調「深刻」這個部分，是因為當自己與他人有親密接觸時，如果心裡能夠自然卸下防衛，別人也會清楚地感受到，自然而然將他自己的武裝卸

下。能產生較深刻的接觸，這是因為你心裡的自足、肯定，於是在跟別人接觸時，也不會有比較和分別，所以才能產生較為深刻的接觸。

當一個人沒有了親密的感覺，相對的就會覺得寂寞，尤其是在心無所緣、無所安放、不知所措的時候。我們常常聽見小孩掛在嘴邊說：「好無聊哦！」然而做父母的總覺得忙碌、時間不夠用，不解孩子怎麼會感到無聊呢？其實他們不知道那是寂寞而不是無聊，接著可能就用手機找朋友聊天、打電動玩具、看電影、上網聊天等。他們會很自然地找事來做，因為心必須要有所緣、有著力點，如果心沒有著力點就會慌。

不要逃避孤單寂寞

我曾讓學生做一個實驗，要他們試試看一天之中什麼事都不要做，看看會是怎麼樣的情況！結果大概半天不到，他們就放棄了，因為覺得很無聊、無所事事。

在這時候，如果能夠誠實地面對自己的內在，你將曉得什麼是寂寞的感覺。此時，如果你面對寂寞，並開始往內在尋找，尋找如何處理寂寞？尋找什麼才

能真正滿足內心？將會得到不一樣的體會。所以寂寞其實是一個機緣，讓自己可以看到自己的心常常是攀緣其外的，常常是無法回到自己身上的。

這樣的寂寞狀態與親密有什麼關係呢？因為唯有經歷寂寞，面對它並接受它，如此一來，到自己擁有寂寞的時候，才會發現此刻不再寂寞，因為寂寞已經轉化成孤獨。孤獨對人而言是非常正面的，能夠單獨自己一個人，把心放在自己身上，沒有慌張恐懼，相對地就會有滿足感。

我曾經有一次經驗，在路上散步時，心裡就是無法安住。一個人的心要安住，必須要安住在某處，當時我就想我的心要放在哪裡？首先，我想將心放在家，但還是不安；放在學校，仍是沒有用；我再把心放在農禪寺大殿，但還是不行；最後，我把心放在我打坐最多、度過最愉快時光的地方——紐約象岡，卻依然不行。

我發現和我關係密切的地方，都不能讓我把心安住，心想：這是怎麼一回事呢？這時從路燈下走過的我，看見自己的影子與燈光重疊，我突然得到一個靈感，應該將心放在此時此刻。走著走著，我漸漸將注意力放在走路的感覺，體驗當下的感覺，發現心真的

安住下來了。

　　那次經驗給我很大的體悟，心是安住在每個當下，放在自己身上，而不是放在一件事情上或是一個外在的環境裡。於是我回頭再看看以前的經驗和打坐的過程，慢慢發現人們對於孤獨這件事，有著很大的誤解。

孤獨讓人沒有防衛

　　孤立、孤獨和親密有什麼關係？

　　孤獨和親密其實是同一件事，孤獨能使自己與自己更親密，一個孤獨的人要學著和別人更親密，在生命的深刻處，與人相遇，與人分享，當自己有能力和自己親密，才有能力和別人親密。其實，愈能孤獨的人，愈能融入人群，一個帶著孤獨和別人建立關係的人，那個「我」像大海一樣無邊際，一個人心裡自足沒有防衛，自然能輕鬆進入別人的世界，別人也可以自然的進入你的世界，不會停留在表面上的角色寒暄或是點頭之交。

　　我曾經陷在孤寂裡，甚至有厭離之感，但我運氣很好，女兒幫了我一個忙。那段日子，她送我一張書籤，上面有幾句話，我經常帶在身上，看看上面的

字，時時提醒自己。書籤上是這麼寫的：「心如大海無邊際，廣植淨蓮養身心，自有一雙無事手，爲做世間慈悲人。」女兒那時才上小學，這張書籤是她自己做的，平時個性很粗線條的她，居然做出這麼細膩的書籤給我。

從親密的需求，到認識眞正的孤獨，之後自己能怡然自得，與別人接觸時能深入別人的內心世界，到別人也能深入我們的世界，這是一連串的學習歷程，也是修行必經的路。

在孤獨中發現自我

多年來，我除了教學以外，也做了很多關於心理健康方面的實務工作，所以會特別留心觀察周圍的人是如何過日子。不論從自己專業所學的理論、學派，或是多年來跟隨善知識以及修行的體驗，我發覺每個人的生活態度所呈現出來的現象，雖然各式各樣、五花八門，但這些心情的投射，背後卻都有規則可循，它們所反映的，不啻是人的真正內在狀態。

學習處理壞情緒

我們周圍的人常會出現情緒低潮，像是受挫、沮喪、憤怒，而每個人的情緒背後都有故事，可能是失戀、工作不順利、挨罵了、孩子出狀況、家人生病、

親友往生等等。表面上看來，情緒低潮是由於種種事故所引起，因此在事情發生後，人們便會想盡辦法處理，用各種方法在事情上做改變。這一切背後有個假設，就是希望事情不要發生，如果一切可以還原，回復到我們認知的正常狀態，我們的壞情緒就可以消除。

我有一位朋友在情感上碰到挫折，心情非常低落，生活秩序全亂。她在這時能做什麼呢？去把男朋友找回來嗎？雖然她可以把對方找回來，但心中仍會有恐懼，擔心下次再發生同樣的事情，於是不安全感就跑出來了。而如果找不回來，採取「以時間治療一切痛苦」的方式來處理，此時若有家人、朋友陪伴，傷痛的時間就會縮短，但無論如何，失落的情緒一定會存在的。

過了一段時間之後，她告訴我：「我覺得這件事應該慢慢過去了，可是一想起他，我的心還是會痛，我發覺真正受傷的是我的心，最難痊癒的也是我的心。」

有人勸她去結交新的男朋友，於是她開始約會。隔了一段時間，她問我：「我雖然開始約會了，但老覺得心裡有個部分是空的，為什麼？」我說：「因為

那些人都沒進到妳的心裡頭。重點是妳的心不安穩，不妨問問自己，想要的是什麼？」

戀愛中學會看自己

她聽進後面這句話，有一天對我說：「我做了一個小小的試驗，當我跟別人約會時，看看自己心裡到底在想什麼。我發覺自己像兩面人，檯面上是一個很友善、很可親的女性，但一有空檔回想自己，卻又發覺檯面下的自己，即使在約會都覺得孤單。我發現其實人常常是很寂寞的！寂寞真的無法排除嗎？我現在很懷疑之前的戀愛經驗價值在哪裡？是有一個人全心全意照顧我、陪伴我？還是有個人真正進到我心裡頭？」

我問她：「談戀愛真正讓妳滿足的是什麼？讓妳感到缺乏的又是什麼？」

她說：「我覺得缺乏的是在過程中，我不是真的被瞭解。雖然他照顧我、包容我、陪我說話、有對象可以發脾氣，但他是不瞭解我的，只因為他是我的男友才願意做這樣的事情。」

她又說：「一個人要瞭解另一個人真不容易啊！我發現我希望被別人瞭解，發現我孤單、寂寞，發現

心痛的背後是因為我沒有真正被瞭解、被接納過。我活了這麼久，好像到今天才認識自己！可是我必須學著去面對、去接受孤單，否則當我寂寞時，我會需要這個、需要那個，那日子就更難過了。」

其實，人一輩子都在學習如何與自己相處，這大概是最困難的一件事。同時這之中也牽涉到一個很重要的心理歷程，那就是轉化，也就是「改變」。我們常常以為改變是在一瞬間發生，至於到底在何時發生的，我們則不得而知，而修行上的開悟，就是一種最奇特的改變形式。

事實上，人的改變是逐步的，有蛛絲馬跡可循的，常常過了一段時間之後再回頭看，我們才發現自己經歷了改變的過程。這個改變過程從「親密與孤獨」的角度來看，我們就會發現，自己從來沒有真正瞭解過自己。

面對自己的孤單寂寞

寂寞孤單是生來就存在的。

當生命在母體內孕育的時候，感覺上是與母體合而為一，但事實上，與母體相連的只有臍帶，所以人的存在，其實是在一種依賴的狀況之下。因為要存在，所以必須依賴。可是從心智角度上來說，每個人都是獨立的個體，臍帶所給予的充足養分，只是為了滋養生命體所需。在這個滋養生命體的過程中，心智的發展雖然會受到環境的影響，可是生命體仍保有自己的獨特性。

存在的焦慮

心理學有個名詞「存在的焦慮」，就是說當一個

人的臍帶被剪斷、離開母體時，會充分感受到不能再依賴而必須獨立，可是本身又沒有活下去的能力，於是感到焦慮，進而想依附各種角色，延續依賴。這個生來的焦慮，漸漸就延伸至我們的角色行為，如果依賴或獨立出現偏頗，孤單寂寞必定隨之而來。

早期心理學界非常鼓勵人們建立良好的關係，以為人的需求和滿足可以在這裡完成。可是實際上人們卻沒有因此變得更快樂，因為他們忽略了人在形體以外，心智獨立的部分。

其實人們從離開母體時，就是孤單的、寂寞的，但因為那時候還是個沒有獨自生存能力的個體，必須仰賴外界才能存活，所以產生了焦慮。爾後這個焦慮進入我們的角色行為裡，讓我們產生了錯覺，以為要把外在角色行為扮演好，才可以解決焦慮，所以當角色行為不如意時，隨著焦慮而起的孤單寂寞就浮現了。

我們常會認為，一個人如果要成功，就必須要有良好的人際關係，再加上社會文化、倫理道德等交錯運作的配合。角色行為如果是完善的、滿足的，就可以在社會上得到讚美與肯定。這時，即使心裡是孤單的，也不會表現出來。因為一個人很難面對巨大的社會評斷，他沒有辦法在眾人面前哭喊著說：那我的孤

單寂寞怎麼辦？所以，人就這樣麻木地活下去。

孤單寂寞未必是壞事

　　我們該如何對待自己那份無法被攤在陽光下討論，只能深藏心裡的寂寞和孤單？有一段時間我常會思考這個問題，並相信這和我自己的投射有關。走在馬路上，我很難看到幾張滿足的臉，過往行人的臉不是疲憊，就是無聊，要不就是嚴肅、面無表情、呆若木雞，開心的只有小孩子。當時我心想，正因為我覺得孤單寂寞，所以我看到的這些人也很孤單寂寞。

　　的確，在我的某個部分是孤單寂寞的，可是孤單寂寞真的是負向的嗎？在我的生活習慣中，常常在尋找可以單獨的狀態。譬如去上課或演講的路上，我可以一個人感覺當下的狀態，感覺一下腦中在想什麼？在講完課、演講完之後，自己一個人慢慢地走回家，讓自己安靜、沉澱，使元氣慢慢地恢復。

　　這些空檔對我而言非常珍貴，我其實太有福氣了，因為我要求自己有單獨的時間，而我也做到了。那麼，我在路上看到的路人，或是周圍的親人、朋友、同事、學生、工作對象等種種人，他們又是如何面對自己孤單寂寞的部分呢？

發現孤單寂寞

　　有一段時間，我特意提出這個話題，結果發現對方的反應都很有趣。他們會突然間臉一沉，好像被丟到了深淵之中，必須面對自己不願意看到，且令他不舒服、不愉快、很落寞的東西。我發現社會對於「人的孤單寂寞」的評價非常負面，但在我身上正好相反，如果我有機會可以孤單寂寞的話，我會非常開心。當我發現別人對孤單寂寞多持負向看法時，我開始回頭認真地思考相關的種種問題。其實對孤單、寂寞的誤解，根源於人們在無法面對孤單寂寞的同時，又把孤單寂寞視為負向的，所以就不願去看這個部分，如此就掉進我們原有的模式裡，不停地去追逐良好親密的人際關係。

　　所謂「親密」，實際上就是一種角色行為，我們絕少真正地探索在角色行為裡，感到不足的是什麼？也不太去面對我們的孤單寂寞究竟是什麼？因為認為它是負向的、不好的，於是就把它給掩蓋掉了。但事實上，如果我們可以暫時丟掉對孤單寂寞的負向評斷，就可以接受人活著時，會有孤單寂寞是理所當然的現象。

學習跟自己親密

人，打從一出生就需要與別人在一起，因爲在嬰兒階段，生命極度脆弱，因此非常需要別人的照顧養育，渴望與人親近。媽媽們都有這樣的經驗，當小孩哭鬧的時候，如果你將他抱起來，大多數的孩子就會停止哭泣，因爲藉由肢體接觸，安全感油然而生，並得到親密的感受！所以很多幼教專家會建議我們，要讓孩子常常有肢體接觸的機會，就是「tear giver」，這是人很基本的需求。

反觀我們的文化，長輩總說小孩子出生以後不能常抱他，否則他會一直纏著要人抱。在這個前提之下，一般父母總是用包巾把小孩包得緊緊的，讓他肢體不會亂動，也讓他不致於和空氣直接接觸而感到空

盡！久而久之，我們漸漸不習慣肢體接觸，但是那份渴望親密的需求，其實始終都存在內心中。

我們可能都曾有過類似的經驗，當你被一個你所信任的人親密擁抱之後，那種心理的重擔彷彿放了下來。在我們進行心理輔導治療的工作中，有一派治療就叫做「hug therapy」，就是用擁抱來做治療，透過形（身）體上的親密接觸，讓受治療的對象感覺到我們是跟他們在一起的。

被瞭解與被接納的需求

除了形體上的親密，人真正渴望能找到的是心理上的親密。歐美國家心理學者也曾針對兩性互動、人與人的關係等相關議題，做過一連串的研究探討，發現原來人與人之間產生「真正的瞭解」，是構成心理上親密感的第一要素。爾後的研究更發現，人感到被瞭解這件事，影響的層面非常大，會關係到這個人的自信、開放程度、對自己的滿足感，甚至會影響他和別人的互動、人際社交種種。所以小時候備受父母寵愛的小孩，長大後通常也顯得比較有自信，因為大部分的父母寵愛兒女的方式都是順著他們，如此間接讓子女產生有被父母瞭解的感受。

　　當然這種「心理上的親密」需求，並不限定在夫妻、父母子女、兄弟姊妹之間，在你和朋友、寵物，或某個特別的地方、某個特定的時刻，也可能會有相關的經驗。因此我們會聽說有人喜歡和寵物說話，因為他覺得寵物瞭解他；也有人因為環境改變，物是人非而悵然失落，遠走他鄉。

　　由此可知，人在「心理上的親密」的需求，這個需求對象是很廣泛的，而他所認定的「瞭解」也是很主觀的，是自己認為真正被瞭解，而且這個被瞭解本身還是會改變的！可能只是在某些關係，某些人、事、物或現象上，你會覺得在這一刻是被瞭解的，而過了這一刻，可能感覺又消逝了！所以，如果一個人在他生命當中真的經驗過被瞭解，而且這個關係又是一個穩定的狀態，那真是幸福！

　　在心理的親密需求當中，除了被瞭解，還有一件很重要的事，就是「被接納」。我們每天都在用語言、非語言的方式與他人互動，可是人和人之間的差異實在太大了，所以在互動的過程中，往往就會有瞭解或不被瞭解的狀況產生。尤其在現今社會，我們的角色早已被各式各樣的規則設限，不論扮演先生、太太或為人子女、為人父母等，都被傳統期待所框住，

這個規則是代代相傳下來，也隨著價值觀不同而經常改變，並且每個人都同時扮演著多重的角色。因此不管社會結構與規範如何，角色行為是否被接納，是心理親密的關鍵要素。

「瞭解」和「接納」，這兩個要素對於心理親密程度影響極大，這兩個需求通常出現在人和別人互動的時候，此外還有一個和「親密」這個主題相關且極為重要，卻經常被我們忽略的，那就是「自己和自己的親密」。

自己和自己的親密

其實人活著，往往為了符合社會的價值，而去扮演某個角色。但是在扮演的過程當中，常常會出現衝突，究竟要照著別人的意思去活，還是依照自己的想法過日子？因為在乎別人，希望跟別人很親密地靠近，所以我們在行為上多半會順從別人，可是心裡頭卻覺得委屈。當我們所扮演的角色受委屈時，我們就會想：「我為誰辛苦為誰忙？我所為何來？」往往這樣一個念頭跑出來的時候，我們的心裡是落寞的，或者是氣憤的。其實，當這樣的疑問出現時，是一個非常好的時機，我們就有機會回頭來問問自己：「那我

究竟要的是什麼？我究竟是個什麼樣的人？我現在扮演的角色，到底有什麼地方不對呢？」

如此慢慢地思考，就會開始省視自我，因為委屈壓抑久了，我們心裡頭就會有個聲音出來：「我究竟是誰啊？我招誰惹誰要過這樣的日子？」在這個過程當中，我們就會發現自己的需求，發現原來我想要怎樣，我希望怎樣，我……。這時，才會真正地感受到這個「我」的存在，也就開始有了「self」的想法，那其實是自我肯定的開始。

一開始你會覺得這個「self」很可憐，很希望它可以慢慢長大，然後讓它就好像自己活在天地之間那麼的理所當然。等到這個「self」慢慢地長出來，自我成形了，那便是一個「有我」，而不是一個「自私的我」。在那個「我」的滋長過程當中，你可以看到你的「self」逐漸成長，然後在這個過程當中，你開始跟自己親近，開始瞭解你自己，這個瞭解裡，也包含了接納。

當你開始接納，那個「我」就愈來愈穩定！當你能夠在心理上跟自己親密，就會有一種自我的滿足感。

親密一定要兩個人？

法鼓山上有一位女信眾讓我印象非常深刻，她已經八十幾歲了。聽說她住在法鼓山園區附近，每天早上準時三點鐘，不管颱風下雨，她都會拎著一把傘出門，到山上的臨時大殿拜佛。每天早上拜三百拜，拜完之後也與大家一起打坐。等到早課開始，她就到廚房去幫忙準備早飯，做完所有的事之後，就又拎著那把傘出去，到山上的每個地方走走逛逛，一直到中午時分又回到齋堂，幫著大家準備中飯，然後回家休息，十年如一日。她來來去去都是一個人，從不主動與別人交談，只做好自己的事，但如果你跟她講話，她也會很開心地回應你。她自己一個人很愉快、很滿足地做事，絕對不會打擾到其他人。這是一個很

特殊的生活型態，讓我覺得不可思議！

　　因為在我過去的工作經驗裡，我常聽到人們說他渴望什麼，需要什麼，令他感到挫折、失落的又是什麼？人，其實都是渴望親密，渴望與人親近！而那位女信眾活到八十幾歲了，竟可以用這樣的方式過日子！我忍不住想：「她的生命當中難道都不需要別人嗎？她的家人跟她的關係又是如何呢？她的家人怎麼看待她呢？」種種的疑問在我腦海盤旋，也觸發我思考得更多、更深，尤其是關於「親密與孤獨」這種生命的課題。

孤獨化身為孤單、寂寞

　　「孤獨」和「寂寞」其實是我們生活中的一體兩面。當你沒有辦法在形體上與其他人親密時，會有失落，而失落的時候，寂寞和孤單就會跑出來。在孤獨的第一個階段，我們可能還不是很能夠體會什麼是孤獨，但至少可以體會什麼是孤單和寂寞，並且渴望跟人在一起，渴望在尋求親密的過程當中，所受的委屈或挫折能夠被瞭解、被接納。

　　所以西方學者不停地在研究，我們怎麼樣從一個有條件的愛，慢慢轉化到一個無條件的愛，這也是我

們在心理學領域裡，很多人會討論的一件事情。因為當我們處在一個有條件的愛時，基本上就有很多牽制和限制，這些牽制和限制很容易讓你從中敗下陣來，而感到孤單寂寞。

通常孤單和寂寞本身不是一個最原始的情緒，剛開始它可能是憤怒或挫折，甚至是傷心或哀傷，可是久而久之，就會慢慢沉澱，變成孤單、寂寞。當你一旦感覺孤單寂寞的時候，就會想要去抓住一些人、一些事，從學佛的觀點來講，就是我們的心想要去攀緣。

曾經，我自己做了一個實驗，早上起床的時候，刻意把當日行程全部排開，必要的事情全部都沒有了。我記得那天早上醒來以後，躺在床上，心想整天沒事，要做點什麼好呢？有一個朋友好久沒見了，可以跟他吃個中飯；好像有本書，一直要買卻沒有時間去買。腦袋不停地打轉，我也清清楚楚地看見了自己的「心」，是如何地找事情來把自己佔據，這就是攀緣。當然，這次的實驗是失敗的！

於是我又做了第二次練習，打定主意那天什麼也不計畫、什麼也不做，然後我就非常自發的（spontaneous）看看自己要做什麼。非常有趣的發現是，我

從床上起來以後，第一件事情就是走到洗手間，開始刷牙洗臉。我當時就愣在那裡，原來我們的生活，連刷牙洗臉這件事情都被制約（condition）了，刷牙洗臉變成一件你必須要做，而且在沒有意識的情況下，自然而然會去做的事。那時我才第一次意識到，其實刷牙洗臉是我們學習來的，然後就被養成爲習慣。當然，你可以找出各式各樣的理由來合理化這個行爲，因爲要清潔肌膚、因爲衛生的關係等等。可是從行爲的角度來講，我們基本上就是被制約了。

在那個當下，我想起倪匡有一本書叫做《規律》，故事是說有一個專門研究昆蟲的病理學家，莫名其妙地自殺了，衛斯理受邀前來調查，他一路追追追，終於明白爲什麼那個病理學家要自殺。衛斯理的解釋是，雖然他擁有很好的聲望，可是當發現他的生活卻跟自己觀察的昆蟲沒有兩樣，只是週而復始地被他以爲有意義的事情所佔據時，他突然找不到自己活著的意義，於是選擇結束生命。

享受眞正的孤獨

現代人的生活何嘗不是如此，很多無奈的事情一而再、再而三地重複，在這反覆之中，我們的心愈來

愈孤單，到最後變成了失落、傷心、寂寞孤單。當人的孤單和寂寞慢慢滋長，人就會老化，除非他真的能夠瞭解，自己有時候就是孤單寂寞的，也接受自己「我就是孤單寂寞」的事實。

如此一來，「我」就會開始想辦法，想想如何可以讓「我」活在一個比較自我滿足的狀態之下，由是自然開展了「內在轉化」的歷程，從心理的、生活的各個層面去改變。

如果將孤單和寂寞轉化成為可以享受的孤獨，那麼人生將又是另一片風景。因此，有的時候我很羨慕法鼓山那位老菩薩，獨來獨往、安靜恬和，我覺得她是我在台灣少數見到，真正在生活裡享受孤獨的人。

愛等於親密？

「孤單」和「孤獨」是不同的，「孤單」對我們是負向的，「孤獨」則是正向的。人若能掌握寂寞孤單是什麼，角色行為中不滿足的是什麼，將兩者合併去看、去接受，那麼寂寞孤單的感受就會有所改變。其實心理諮商、治療、輔導，不過是透過專業人員的引導，去觀看自己內在世界的變化，從主觀、客觀的角度去分析、瞭解、接納自己。如果人們能夠接受現況，就會發現事情改變了，至少自己的心已經改變了，這就是所謂的「轉化」。

寂寞孤單要轉化為孤獨，就必須正視心裡覺得不滿足、寂寞孤單的部分。看看為什麼我會寂寞孤單？為什麼我會把全部的力氣放在角色行為上？

在角色中扮演好自己

　　人在親密的需求上，常常是落空的，其原因是因為我們的注意力放錯了。從一出生，大環境就賦予我們的角色行為一定的規範作用，讓我們學習如何生活在人的世界裡。人出生時即成為家庭的一份子，於是有了一個角色，成為別人的兒女或是兄姊弟妹，並開始與親人產生互動模式。然後從和家人、朋友、同學相處之中，再把角色行為關係帶到社團、職場、婚姻裡，環環相扣，層層角色不斷增加。

　　這當中互動的模式有二個層面：一是角色上的互動——別人怎樣對我，我要怎樣回應；另一個是內心的層次——別人的對待，使我心中有滿足或不滿足的感覺出現。這個層次通常看不見，而是會在某些狀況下出現，例如壓力很大、受人欺侮憤怒得不得了，這時內心的感受就會冒出來。

　　人是很能幹的，因此在角色學習上很自動化。此外，由於人是活在社會文化的範疇之內，所以處處有訊息告訴我們，我們的角色要如何扮演。然而內心的層次，卻也從未消失。在現代社會中，良好的人際關係很重要，而良好的人際關係和角色扮演息息相關，

除了要把外在角色扮演好，內心的感受也得顧及，二者之間雖是一裡一外，但是關係密切。

　　當我們扮演自己的角色行為時，以為只要把外在角色扮演好就天下太平了，可是事實不是如此。我們常常活在「別人滿意，我就滿意」這個假設之下，把百分之九十九的力氣放在「讓別人滿意」上。當我們的角色行為扮演得不夠好，別人對我們不夠滿意時，當希望得到肯定、讚美卻得不到，失落感浮現時，寂寞孤單的感覺就出來了。這是非常重要的感覺，長期以來我們都把它放在一邊不去看它、不去理它，可是寂寞孤單怎麼會是你不看它、不理它，它就不存在了呢？

尋找愛的歸屬感

　　人在角色行為裡希望獲得成就感，是因為有愛。因為愛先生、愛家庭、也愛自己，所以扮演好各種角色，讓大家都滿意，愛就能得到歸屬。譬如我們希望孩子照著我們的軌道去走，因為這樣子我們的愛就有了歸屬。

　　我們把我們的管理當作是愛，把我們指定的方向當作是愛，如果孩子沒有照著我們的話去做，我們的

愛就會失落，失落感就會把我們帶回到寂寞孤單。其實這樣的愛是很狹隘也很單向的，我們希望付出，也希望得到肯定。藉由這份愛，或稱之為「親密感」，我們的角色行為得到了力量。試想：今天若沒有這份愛，還有誰願意為孩子、配偶、家庭付出這麼多？

接下來我們再問：「只有親密感就夠了嗎？當你覺得可以愛、可以被愛，覺得被瞭解、被接納就夠了嗎？」有人可能覺得夠了，有人可能不夠。不過比起各種角色行為的滿足，這部分是要容易滿足得多了。到了這個層次，人的滿足感大概佔了百分之九十九，然而剩下的百分之一，恐怕更難看出它的寂寞孤單了。

其實，我們是被整個社會環境所制約了，所以我們一方面無法真正面對自己的孤單寂寞，另一方面又盲目追求並非真正有價值，而且自以為是的人際關係。花了那麼多力氣又不著邊際，因此當兩方面都落空後，現代人的流行病——憂鬱症就很難免除了。如果我們能把孤單寂寞的負向評斷暫時去掉，就能看到孤單寂寞的真正內在是什麼。其實孤單寂寞跟角色行為的不滿足是連在一起的，這就是為什麼角色行為不如意時，孤單寂寞就會浮現的原因。當孤單寂寞浮現

時，如果我們排斥它，我們的心便會再度回到角色行
為上糾纏。

享受孤獨，擁有自己

　　我不得不問：「人的愛、付出、被接納、瞭解，
這些真的能夠滿足嗎？」我認為不容易！因為一旦要
去滿足這些，勢必又掉入與人糾纏的陷阱裡。從功利
的角度來看，人的孤獨是要平衡我們內在心理的需
求，如果我們想得到被接納、被肯定、被瞭解的滿
足，就必須要找到這樣一個平衡，因為當人從寂寞孤
單轉化成孤獨時，那一份孤獨的感覺就是——我擁有
我自己。

　　人們常把自己的心，散到四處去，散到角色行為
裡頭去，讓自己成了四分五裂的人，以為只要用心經
營每個角色就能感到滿足。然而這是不夠的，如果你
只把自己丟到角色裡，全心全意去滿足別人對你的期
待，藉以得到肯定，你已經失去了自己！

擁抱孤獨，擁抱親密

有時候，接觸到一些人，他們對我訴說著「人在江湖，身不由己」的生命故事，我聽完後很難過！人為什麼老是這麼「放逐」自己，把自己丟在角色之中？即使一天二十四小時，僅有一分鐘時間可以安靜地想想：「我今天有沒有為自己做一點點事情？」那麼僅僅這一分鐘，就足以擁有自己。在這一分鐘裡，你可以誠實地告訴自己：「我和我自己在一起！」如果能擁有自己，往後的日子就會好過點。

用一分鐘擁有自己

人們常說「人在江湖身不由己」，其實那是自我放逐。去酒廊喝酒、搞外遇，只會讓生活掉到一個更

不穩定的狀態，甚至成為惡性循環。所以一分鐘的要求，是希望人們能夠一點一滴地練習把自己收回來，擁有自己。

人如果長期把自己丟到外在所扮演的角色中，內心將會被扭曲得一塌糊塗，到那時再想把自己找回來，會相當費力。當孤獨擁有自己，當自己能夠很輕鬆、自在、安然地和自己在一起，那會是非常大的享受。雖然面對自己的孤單寂寞是難受的，可是它和孤獨之間僅有一線之隔！那一線之隔即在於你是把自己丟在外面世界，還是把自己收回來和自己在一起。

先前提到情感上遇到挫折的朋友，她的戀愛就是把自己丟給另外一個人，將自己的喜怒哀樂交由對方負責。這樣的戀愛，在我看來，和那些「身不由己」的人是一樣的。就是把自己丟出去，沒有自己，別人要替「我」負所有的責任，噓寒問暖、心情安撫等種種都要照顧好，否則就不是好的戀愛對象。這種心態在婚後仍會延續，如果對方沒有把我照顧好，就表示他變心了，他不是好的結婚對象。

說來實在荒謬！心在自己身上，好、壞都在自己身上，為什麼要別人負責呢？這心態一開始就錯了，結果讓我們一路走來跌落到孤單寂寞裡。當你把自己

丟出去讓別人來負責時，你想想看，你放心嗎？這是
對自己不負責任的作法，也因為這樣不負責任，於是
我們更無法擁有自己。

真正的愛自己是把自己的心一點一滴收回來，擁
有自己。一個人要平安、和諧地面對自己，不是一件
容易的事情，因為這需要克服許多角色行為上，正向
或負向感受的糾纏。要面對原來的孤單寂寞，還要把
價值框架慢慢丟掉，放下自我防衛，才能回到「我跟
自己在一起是平安、和諧」的狀態。

人在孤獨中的平安、和諧，不是一蹴可幾的。人
要一路慢慢學習、體會過來，看見自己的角色行為是
這樣的無我，看見自己的心被丟在外頭，看見自己在
默默承受負向的情緒……這才發現，原來孤單寂寞一
直是存在的！這是內在自我一路轉化的過程，是不停
地觀看、反省、分析的結果。一路走來，內在的平
安、和諧會一點一滴地浮現，這時孤單寂寞就有機會
慢慢轉化成孤獨。

真正擁有孤獨的人，能夠真正愛自己；能真正愛
自己的人，才能擁有更無私的愛。當一個人不再把自
己放逐在環境外頭，不再把自己的喜怒哀樂要求別人
負責時，他會變得更有能力去愛，他周圍的人都成了

菩薩，並會在他的身邊幫助他走過內在轉化的道路。

假設妳有一個不好相處的婆婆，妳不愛她，就可以抓住這個「不愛」一路探索：我為什麼要愛她？我希望得到什麼？得到了是什麼感覺？那個感覺和我想要的之間有怎樣的關係？一路探索下來，自己就會發現，原來我多麼希望做個好媳婦，多麼希望別人認為我是個好媳婦。慢慢地，妳發覺這些需求可能得不到滿足，因為一路的觀察、分析、反省，並不表示事情就會圓滿，可是過程中自己會有所改變，這就是轉化。

一路看下來，妳會看見自己心理上被糾纏的部分。若是接受了自己，妳會承認：我就是這樣的一個人，我是多麼需要別人的肯定，尤其是婆婆，因為這代表我在這個家庭的地位！當妳藉此發覺自己的需求時，妳會發現，其實在很多其他的角色行為中，也有相同的需求存在。

放下，不是放棄

逐漸地，妳愈來愈能夠承認「我就是這樣的人」，這是接納的階段。這時，人的心境會變，開始能夠一點一點地放掉。我們常講「放下」，唯有慢慢

地修，才能一點一滴地放下，才能肯定自我，肯定「我就是有這麼多需求的人」。這時，會有個很重要的變化，就是妳看待的對象，例如婆婆，她似乎改變了！其實不是她變了，而是妳變了。

如果衝突、對立的兩個人，其中有一方換個位置，那麼再看待對方時，對方也會改變。因為你把位置改變了，於是關係改變了，這個人也跟著變了。

有些人可能會誤解，認為只要接受現狀就好了，反正「我就是這樣子嘛」！這樣的語氣有點自暴自棄，其實這不是真正地接納自己，這也不是放下，而是放棄。「放棄」裡頭並沒有轉化，「放下」裡頭才有。

當轉化發生時，人們會發現自己是個有缺點、也有優點的人，當這個有優、缺點的人發現自己還要在世上活下去時，擁有孤獨的良機就出現了。他如果能自我肯定，接受自己不是十全十美的人，如果能善用自己的生命歷程，以彰顯他活在世上的道理，這麼一來，周圍的結緣都變成善的了！因為心變了，對緣分的看法也變了，所以惡緣都能轉成善緣。

擁有孤獨，生活更快活

　　一個擁有孤獨的人，就擁有愛人的能力。這樣的愛由於已剔除了許多自私與防衛，所以在面對不良的、不夠親密的人際關係時，就會更有能力去克服問題。若想做個愛自己，也愛別人的人，我們就一定要擁有孤獨。擁有孤獨不是可怕的事，甚至是很美妙的事，它會令人感到自己是頂天立地、獨一無二的，是一個有缺點也有優點的人，是能充分開創自我存在價值的個體。

　　走出親密與孤獨的轉折，人就會愈來愈快樂！一個人擁有孤獨時，他所做的每件事情的意義，自己心裡都會明明白白。爾後，這意義還可以創造更多的意義，如此一來，人活著就更有價值了！

親密與操控

操控，為了滿足需求

心理學家徐斯洛（Everett L. Shostrom）有一項理論，認為人類所謂的「正常行為」，都是在「操控」的範圍之內。我十分贊同他的看法，這並不是什麼錯事，因為我們一般人就是有各種不同的需求，為了要達成自己的需求，又要因應外界的期待，我們就會應對出各種方法或動作，進而滿足自己需求的目的。

「操控」這個名詞乍看之下，很容易就讓人產生一種錯覺，認為是負面的，也正因為人們容易直覺把這個名詞下了負面的判斷，導致不容易回過頭來看一看自己身上，到底有沒有這樣的行為，更不會去弄清楚「操控」的真正涵義。

以孩童而言，當他在嬰兒期的時候，肚子餓了該怎麼辦？由於他還不會講話，所以只好用哭的方式表達，大人聽到他的哭聲，猜測他大概是肚子餓了，所以給他食物。從此以後，嬰兒從這裡學會，原來哭除了可以表達情緒感覺，也可以滿足自己的需求，因此這就成為他的一個策略和方法。等小孩再長大一點，會講話了，他會發現當自己一些乖巧的舉動，可以博得父母歡喜，進而可以滿足其他的需求。

操控行為自小養成

其實，這都是成人世界中整個社會控制下的順從行為，在社會控制裡，當期待的順從行為表現出來時，我們的需求是可以被滿足的。譬如一個女孩子，她展開一個很甜美的笑容，長輩看了很高興，覺得這個孩子很有禮貌、很乖巧，然後就對她表示讚許，因此這個女孩就學會了用這樣的方式來對待這些大人，於是她就學會了「操控」，知道應該要有甜美的笑容、乖巧的舉動和反應。

從這些看似平常的事情開始，我們就已經慢慢地學會了「操控」。有一些心理學家用「勝任」這個詞，也就是說在環境當中，如何藉由一些行為舉動，

讓他對這個環境能夠有一種勝任感。其實這些行為，我們從小就開始學習了，可是在過程當中，我們的腦袋卻沒有這麼清楚地覺知到，自己是在這樣的過程當中進行著「操控」，這些詮釋是後來心理學家加上去的一個名詞。

然而，在一般人的心裡，寧可接受「勝任」一詞，而不願意面對「操控」一詞，這之間的心理狀態是很微妙的，但也因著這微妙的心理狀態，而減少了真實面對自己的機率。

為求生存產生操控行為

在人的成長過程中，我們學會了一件事：要生存得比較好一點。也就是說如果我們有好一點的生存空間或生存條件時，需要發展出怎樣的能力或者運用怎樣的方式，才能夠來滿足自己的內在需求。

譬如當孩子努力念書，他就會得到讚美，於是有很多的孩子，並不太知道為了什麼目的念書，多數直覺是為了大人的讚賞而念書，並不是真的想要念書而念書，念書就變成他的一個生存策略。可是當他已經不能再以「好成績」來討好成人世界時，「我為什麼要念書？」的疑問就跑出來了。

　　如果孩子在用好成績來討好世界的過程中，不幸地一路受到挫折，他很可能就會想撤退，或是改換另一種方法，例如偏差行為，來引起注意。於是，人就在不斷重複的過程裡，不知不覺地，慢慢地，產生出各種「操控」，其目的都是為了生存。

　　對於操控，我們應該由不同的面向來看待，譬如有禮貌的社交行為就是最常見的一種，有的時候，其實我們心裡不太喜歡某個人，可是我們的舉止卻還是讓對方覺得你沒有討厭他，因為如果讓他知道你討厭他，對你並沒什麼好處。更不用說有一些目標是你急於要去達成，或者是你在設定的方向上，想要去完成它時，所採取的一些策略。因為，操控可以更有效率地減少阻礙，達成目標。

　　在操控的過程中，我們多半是不知不覺的，所以在面對操控時，有些觀念我們必須先瞭解。從社會的層面上來講，「操控」只是一個社會性的行為，就是社會同意它，甚至獎賞它，認為這是好的行為，例如：老師用權威管理學生，上司用職權管理部屬。

　　可是從個人的內在世界而言，操控卻可能是一個扭曲的過程，所謂的「扭曲」，就是他不一定對自己的內心很誠實，因為外在的行為只是為了要完成外在

環境的讚賞，所以就委屈自己，去屈就整個外在評價，於是就慢慢地發展出這樣的行為。然而，他的內心真的快樂嗎？不見得，因為總覺得不踏實，因為時時盤算著如何更進一步的操控，才可以在社會期待的框架下擁有勝任感。所以，操控使人心不自由。

覺照操控，淨化自我的起點

當我們的行為被架設在一個社會框架裡，在這個大框架中，藉由操控，我們才不會出大差錯，因此徐斯洛才會說操控是一個「正常」的行為，甚至於如果我們沒有符合社會要求時，人家還會說這個人不懂事。當然徐斯洛在闡述「正常行為，都是在操控的範圍之內」的理論時，他的出發點是，人基本上是有能力去追求自己所認為更好、更有意義的目標。

所以如果當一個人的成長歷程中，一直停留在「操控」這個階段的話，就會是一個停滯的狀態。也就是，如果沒有機會去知覺到「心」是如何變成不自由的，也就失去了讓「心」從不自由中釋放出來的途徑。

在人的發展歷程中，其實是有各式各樣的契機讓我們警覺到自己的操控，進而省思如何用更誠實、更

一致的面貌來生存，甚至超越操控，而走向自我實現。

舉一個極端的例子，在我們古老的文化裡，所謂的「忠孝節義」，到底它的意義在哪裡？甚至對眾生慈悲的價值何在？忠孝節義是被社會所讚許的事，但卻往往要犧牲自己的需求，才能達到所謂的忠孝節義；而要對眾生慈悲，也要逐步地放下自我中心。如果將此精神放到西方心理學的範疇來看，從個人角度來講，會說這個人簡直就是沒有自我，但是另一方面，又會覺得他這個高貴的情操是從哪裡來的呢？

人不為己，天誅地滅。這是人人都知道的，從生存的角度來看，也是天經地義的。如何由封閉的自我中心，而到願意捨棄自身的利益，完全以利他為生存目標？其實，這是「心」的淨化過程，也是為自己操控行為鬆綁的過程。

人在追尋個人生存的安全感中，不自覺帶上了各種操控的面具，然後為了成長與淨化，又要一一地認知這些面具，以邁向人生中有意義的情操。大部分的時候，這個「過程」的意義大於目標，因為人對自己在社會情境中的操控覺知，是沒有止境，一輩子也走不完的。

　　所以，當我們面對操控，其實應該懷著感恩和欣賞的心情來看待，如果不是操控得宜，我們無法活到現在；如果不是操控得宜，我們無法產生這麼多能力。如此一來，我們才能看清眞實的自我，進而認知和洞察到操控在生命歷程中所扮演的角色功能，而這正是人心淨化的起點。

操控，讓親密遠離

從「操控」行為回頭再來看「親密」關係，我覺得現代人有現代人的難處。例如我觀察七年級生時，常常出現這樣一個疑問：為什麼當他們在盯著電腦螢幕時，態度是那麼真誠，可是真正在面對人時，卻酷得不得了？他們在外表上，經常把自己的面貌、頭髮裝扮得五顏六色，好像不敢以真面目示人的樣子。

我始終在觀察這個新生代，甚至是這個時代的人，到底我們會走出一個什麼樣子的生命風貌？我們在此時空背景下所衍生出來的操控，又會如何影響我們對「親密」的詮釋？

許多人原以為「操控」可以讓我們與人更親密，

實則不然，操控只能在特定範圍之內達成人際互動，卻無法真正貼近心靈。

以現在的七年級生和人的互動關係為例，他們和電腦的關係可以很親密，對人的關係卻是疏離的。如果以人與人之間的關係來看，七年級生外表的五顏六色、釘釘補補，就像是在身上穿起一件一件的盔甲，這一件一件盔甲所產生的結果，當然就是內心益發地孤單寂寞。然而，他們的內心仍有與人親密的渴求，希望被愛，也希望自己真的可以愛人；希望自己被瞭解，也希望自己可以瞭解別人；希望和別人能夠真正的相遇，一種心靈上的相遇。其實，這種渴求，每個人都有。

愈渴望親密愈操控

可是我們卻觀察到，人們的行為常常與內在的渴求背道而馳，雖然這種情況是在心理學家徐斯洛所認為的正常行為範圍內，但是為何現代人在尋求親密的過程，會產生表裡不一的行為？就是因為覺得不安全，沒有安全感，所以才需要穿盔甲，以便武裝自己，操控別人。這種情形，往往使得人際之間不是過度黏密，就是過度疏離，於是寂寞的人就愈來愈多了。

　　也許當七年級生觀察自己的父母或是所處的社會環境時，其實他們觀察到的就是一種「不一致」的行為，他自然就會模仿這種不一致的行為，只是大人們的不一致是呈現在行事風格，而七年級生卻由外表的裝扮上開始。在整個環境裡，大人對於那些不一致的行為往往是不自覺的。聖嚴法師曾做過這樣的比喻，大人是活在那個酒缸當中，他不知道那是酒缸，而且逃避不了，然後他也要求他的孩子，以同樣方式生存在這樣的環境裡。

　　在缺乏安全感的驅策下，當我們愈渴望與人親密時，往往對對方愈操控，因為害怕失去。而「失去」對自我來說，就像是緊箍咒，只要有一點點失去的訊息出現，甚至是扭曲地解讀訊息的情況，操控行為就會自動地出現，於是愈操控就愈沒有辦法得到他想要的親密，結果反而愈來愈疏離。

　　曾經有個女學生很沮喪地告訴我，她的男朋友變心了，原因是以前約會時，這位男孩都會帶朵玫瑰花來示愛，而今他們交往了半年，男孩卻不再帶花來了，不過其他的行為則一如往常。我問女孩，妳愛的是花，還是人？女孩愣住了。我告訴女孩，人的行為是變化多端的，花是心意的表達，妳要讓「花」控制了

自己的感受，還是要求自己真正瞭解對方的心意呢？

操控，讓親密遠離

「操控」基本上是為了自己的需求，是有目的性的，但是這裡面有一個很弔詭的現象，就是本來以為運用了這些操控的行為之後，我們可以得到滿足，然而，結果可能正好相反。

當我們受挫時，我們只會認為是自己的操控行為技巧不夠高明，所以我應該要去學習更高明的操控行為，可是如果我們的操控行為是為了得到親密關係，即便我們使用進階的操控行為，到頭來還是一樣緣木求魚，關係還是會愈來愈疏離。

人在追求親密的過程當中，不自知地朝著相反的方向，把自己推往孤單和寂寞的角落去，想要轉變此一現象，要看人有沒有決心，或是有沒有機會發現到：「原來我是用這樣的方式生活著，原來我是那麼害怕面對自己。」當人有這麼一個清醒的時刻，就有機會改變。

但是從大多數人的經驗來看，都是在極度的挫折之後，才會產生這樣的想法：「那我之前到底在幹什麼呀！」可是往往追求了半天，結果還是老樣子，而

且有那樣的機緣時，也不一定真的能醒悟，很可能那個「剎那」一下就過了。因為看清自己的操控和不一致，其實也是滿痛的，因為那得面對自己的不安全感，也得面對低落的自我價值感。

看清內心與行為的差距

其實，在日常生活中我們所要修的，就是看到自己的行為跟內心真正想要的差距在哪裡，在清楚看到這個差距的同時，還必須能夠真實去面對自己的內心，瞭解自己真正想要的是什麼。否則可能原本認為想要的事物，等到真的得到後，卻又覺得好像不是自己所想要的，所以又繼續尋找。於是原來學會的那些操控行為，因為自己搞不清楚真正的需求，在那些操控行為被否定的同時，又學會了另一套新的操控行為，如此不斷地兜圈子！好比小狗追著自己的尾巴玩耍一樣，一直繞啊繞！

所以，操控是有許多面貌的，它可以是如菟絲花般的依附，也可以是義正詞嚴的權威，更可以是永遠無辜的受害者。甚至有時候，以自我為中心的關懷與善意，都是操控的一部分。其實，說穿了，在操控的遊戲中，可變換的規則還真不少，而人們就在箇中樂

此不疲。

在許多關係上，不只是家庭關係，還包括職場上的工作關係，都有雷同的地方。例如，老闆有時會用一種「好像」很民主的方式，掏心挖肺地對待自己的員工，可是事實上，如果這是一種操控的行為，員工心裡也會明白，之後就好像上演一齣戲一樣，規則大家都知道，然後開始你兵來將擋，我水來土掩。有一句俚語說：「你有你的千條計，我有我的老主意。」一旦真的到了節骨眼上，或是面臨關鍵時刻，關係當中如果操控的成分非常多，彼此之間的信任瞭解就顯得薄弱，甚至於關係就會整個瓦解，男女朋友、夫妻、上司下屬之間都是一樣的。

我們也可以看到很多事情假藉愛的名義，假藉善意的名義，然後行操控之實。而那樣的結果，對於親密關係來講，其實是從親密關係裡逃掉，並沒有真正跟人親近，只是用種種冠冕堂皇的名義來合理化操控，以為這樣就得到了親密，可是一旦出現考驗時，看似親密的表面關係就會崩盤。許多的愛情，就在操控中褪色，或是操控不成功的時候，就會面臨分手。

當我們看見了自己的操控之後，再問自己更深一層的需求是什麼。只有更誠實地去面對自己，才有機

會去面對自己親密的需求，否則，就只是樂此不疲地一直在生活中兜圈子，而自己所以為的修行，也只不過是另一種操控遊戲罷了。

解讀生物性中的操控

從男女兩性的親密關係來看，在談戀愛或者是婚姻的初期，是很羅曼蒂克、很浪漫、很滿足的幻象。

有一些從生理狀態著手研究的心理學家，他們會告訴人們說：「那個階段其實只是化學作用！因為人在那個階段，荷爾蒙分泌是最旺盛的時候，只是表露出人的動物性。」這樣的說法愈來愈被心理學家所接受。所以，情人眼裡出西施，一個不怎麼美的人，卻會讓對方覺得美得不得了，而且愈看愈美，這就是所謂幻象的原因。

當人覺得對方愈看愈美，並不是對方真的美，而是從自己心裡發出來的，或者說，是因為化學作用從

身上所發出來的。情人彼此的凝視傳遞了多少訊息，有些生理心理學家曾實際做過測量，發現這些全部都是化學作用的結果。當學者在研究動物的行為之後，發現其實與研究人的行為沒有什麼兩樣。

化學作用引發的「幻象」

　　我有時也會看看學生，他們正好是屬於「發情」的年齡，不論是男女朋友之間，或是即將要結婚的先生或太太，我都會稍微留意一下他們彼此之間的眼光，會不會透露出什麼樣的 chemical，可是我發現他們在我面前都彼此迴避，也許在外人面前比較靦腆吧！

　　從研究結論中發現，人跟人之間，應該說男性跟女性之間，在「發情」階段是一種非常生物性的行為反應。這種生物性的行為反應，除了顯示「兩性相吸」的部分外，還有一個很重要的行為就是「操控」。控制行為是人類發展出來的一種很精緻的遊戲規則，而這個遊戲規則也呈現在我們的文化裡，是一代傳一代的一種行為法則。

人性化包裝的遊戲規則

　　這個行為法則，如果放到自然界去看時，只能說

人類的操控行為是屬於比較進階的遊戲而已。所以在這個過程當中，會發現人雖然自詡是萬物之靈，但是我們並沒有完全超脫生物性的部分，而且在大多數的時刻，我們生物性的行為還掌控著我們，例如吃喝拉撒睡，都在在如此呈現。

這種生物性有時會造成幻象的原因，也就是人類自詡是萬物之靈的同時，把這些行為合理化，而認為這是文明的行為，所以給自己的行為找很多的理由。這些理由不單綁住自己，也綁住別人，而且讓自己在這個遊戲規則裡，可以持續地玩下去。

我相信許多人乍聽這種說法時會覺得很錯愕，其實以我個人的觀察，不論在工作、教學，甚至日常生活當中，會慢慢地朝這個方向來思考，大概也是在過了三十五歲以後。我看到三十五歲以前的自己，活在自以為是的文明當中，自以為按照這個社會所規定的遊戲規則走。可是，等過了三十五歲以後，可能是內分泌系統比較遲緩了，種種的生物性活動也變少後，再回頭看從前的自己，才慢慢發現我們從來沒有擺脫過「操控」。

人們總把社會所規定的遊戲規則包裝得很人性化，但終究還是非常物化的狀態。所以，包括所有的

人，不管是吃喝等等生物性行為，或是人們的關係，
這裡面都充滿了操控。操控，是人類生物性行為中非
常重要的一個基礎，我們將操控加上很多自己的解
讀，比如說，今天當你能夠操控別人時，由於從操控
的過程中產生勝任感，於是也產生了價值感；又譬如
說，錢賺得多的人有沒有勝任感？答案是肯定的。所
以，很多人都會認為今天我有錢了，就可以做很多的
事情，諸如此類，這是很自然的推理。

要脅的愛，就是操控

也許，有人對這些剖析後的親密關係感到很挫
折！「我曾經這麼刻骨銘心的愛過」、「我曾經海誓
山盟的愛過」、「我曾經這麼不計生死的愛過」，原來
它只是一個操控的遊戲，而不禁懷疑：「這真的可能
嗎？」這絕對是可能的，那個用生死去要脅的愛，一
定是含有操控。所以，很多人在愛的關係裡面，自以
為自己愛得轟轟烈烈，可是，事實上是因為操控不
成，自己覺得挫敗得不得了，失戀就是一個很好的例
子。

失戀者通常第一個反應是：「這個人本來是愛
我，現在為什麼不愛我了？難道我錯了嗎？」可是自

問半天，覺得自己沒錯啊！那一定是對方錯了。於是，失戀的人就會想辦法再進一步地操控，這時就會發展出更高明的手腕，「尋死尋活」就是這樣產生的。在尋死尋活的過程中，失戀的人一方面打擊自己的價值感，另一方面責備對方的不是，之後又給了自己很好的理由——沒有必要活在這個世界上。這其實都是失戀者跟自己玩的遊戲，全是因為操控不成的結果。

當一個人擁有權力，即可以去操控別人，要求別人按照他的意思去改變，此時自以為充滿了勝任感，再由那個勝任感來肯定自己的價值。於是，親密關係就變成了戰場，變成我們去賺取自我價值感的戰場。

事實上，由於操控無所不在，所以大多數的時候，我們所謂的愛，其實是操控包裝以後所呈現的，於是，愛裡面總是充滿了自私和自以為是。一旦發生衝突的時候，不是責備對方，就是自我貶抑，這種自我中心的親密關係，是會讓人懷疑：人間有真愛嗎？這個疑問卻也開啟人們往自我成長邁進的契機。

誠實，超越操控的法寶

當人覺知到所謂正常行為的操控階段之後，會進入一個成長性的自我，也就開始進入到面對自己的階段：面對自己是一個會操控的人、面對自己是一個討好的人、面對自己是一個理智的人、面對自己是扮演著種種不同角色的人……。當他開始誠實面對自我時，其實已經在往自己的內在探看，當自己可以處理的部分愈來愈多，接納自己的部分也會愈來愈多。

人總是在辛苦地完成心中的藍圖

心理學大師梅依（Rollow May）曾說：「誠實面對自我，便是孤獨的開端。」這時候，慢慢地面對自

己內在世界的孤單寂寞，開始去建構一個真實自我的狀態，用比較溫暖的心態去貼近自己的內心世界，那是走向孤獨的開端。

舉一個日常生活的例子，我有一位朋友住在紐約，每當有客人來，她就很緊張，要把家裡整理得很乾淨，然後要照顧客人吃住，還要克盡地主之誼，陪客人聊天，做所有標準賢妻良母應該做的事。而她的大嫂卻完全相反，有人拜訪她家，她可能連床鋪都沒有整理，也不特別準備什麼菜，可能就臨時抓條毛巾丟給客人，要客人自理。

相較之下，我的朋友覺得壓力很大，她發現「自己」已經不知道被放到哪裡去了，感覺很累！可是很無奈的是，理智上她不能不這樣做，因為她認為好好招待客人是應該的。她也發現自己力求完美的自我期許，不但沒辦法改變，有時候還對大嫂的做法有些微詞。

其實，她心中早有一幅「認為主人該是什麼樣子」的藍圖，然後希望客人到家裡來時，對這個家產生某種印象。因為有一幅圖畫，有一個主觀的標準，所以付出這麼多心力，都是為了去完成那幅圖畫。在人的心中，不知曾幾何時，早已存在了各種圖畫。

　　當她付出這麼多時，是為自己？還是為誰而做？某種程度上，是為了「賓至如歸」而做，其實也是為了完成自己的「自我形象」而做。今天當客人來訪時，由於「我」的付出，他會對「我」產生好感，對「我的家」產生好印象，那是維護自己美好的形象；也正因為要維護自己美好的形象，才會感覺累，才會感到有壓力。

　　如果能進一步反問自己是否需要做這麼多，而答案仍是必須的話，那就很誠實且明白地告訴自己：「沒辦法！我這個人就是那麼希望別人對我有這樣的好印象。」誠實，會給自己更多力量去承擔壓力。因為是自己要的，因此，即使在乎別人的看法，也自知是自己找的，這是生存的一個根本：我為了我自己，因此我要去做些什麼。然而有的人卻不知道是為了自己，反而回過頭來去挑剔客人的不知感恩，甚至還會批評他人的作法，不知這個高標準不但成為自己的壓力，也給別人帶來壓力。

在操控中看見自己的執著

　　「放自己一馬，對自己好一點。」不僅是對自己慈悲，同時也是對別人慈悲。誠實地面對自我的要

求，才不會把要求強加諸在別人身上，這樣彼此之間就沒有太多束縛，才會相處得更自在，親密感才會出現。

然而，大多數時間，我們都會自認是一個正常的人，怎麼可能有操控行為，甚至還覺得這樣做，其實是社會上所讚許的。要不然就是搬出「我這樣做是為你好」的理由，雖然目的是好的，只是出發點和方法都不太單純。如果人可以擺脫掉覺得操控行為是醜陋的認知，人的自我覺察就已經開始了，而且還可以很深入、很迅速地進行。於是從操控行為中，不但可以看到自己的執著，也可以看到自己真正的需求。

朋友、客人來拜訪，很有壓力地去扮演一個做主人的角色，是一種執著。執著於主人應該是什麼樣子，雖然它不是一件壞事，可是執著還是存在。其實，如果誠實面對自己，給自己也給別人更多的彈性和空間，允許自己可以誠實地告訴客人說：「我的狀況其實不是很好，有些地方不周到，請您告訴我。」彼此都會更舒服自在。

如果從操控行為裡，可以看見自己執著的是什麼，操控就變成是一個修行的橋梁。否則，從親密的角度而言，就是沒有辦法看見自己跟人之間的不一

致；從孤獨的角度來講，就是把自己又更進一步地邊緣化。

誠實面對自己讓心口合一

在修行的過程中，有時候並未看到自己的執著，有的時候，甚至用一些強迫的行為模糊了自己的執著，這都是徒勞無功的。就以拜佛為例，有人一天拜三百拜、五百拜，可是在禮拜的過程中，心不在焉地只求數字圓滿；而另一個人每天只拜三十拜，心卻完完全全在這三十拜上，徹徹底底地反省自己；那麼，後者效果可能更大，因為重點在於心行一致。

在修正自己行為的過程當中，我們常常看不見自己真正的操控、需求，甚至給自己的執著一些很冠冕堂皇的理由，這樣對自己的心是沒有任何作用。這情形其實和我們想要與人親密是一樣的，明明就很想與人在心靈上相遇相知，可是所做的行為卻往往背道而馳，因為忽略了自己心底的真實面，因此在追求親密的過程中，週而復始地白費力氣！

誠實，雖然有時候讓自己顯得脆弱，但是真誠、表裡合一讓人的心與心得以交會，即使某些情境操控難以避免，也因為誠實，使得情緒比較不容易浮躁，

人的關係可以較親近。所以真正的用心「觀照」自己
的操控，誠實面對自己，真誠面對別人，才能建立起
真正的親密。

反省，開啓親密的契機

人與人之間的互動，在沒有牽涉到利害關係時，態度會比較眞誠。如果存有自我中心的目的，眞誠可能就會戴上面具，接著就會有操控行爲的出現。所以人得學著不要爲了利害關係，而把整個人都扭曲了，或者還可能付出更大的代價。這要從自己的「心」處理起，當你呈現出來的態度非常坦然自在，就是愛己愛人的慈悲，不過這個蛻變的過程，是很長的一段自我成長和自我消融的路。

其實人跟人之間的關係是很微妙的，在關係裡，當我內心想著不想要再戴面具、不想再虛僞了，可是此時卻發現自己的情緒，一旦沒有面具的僞裝，很可能表現出更糟糕的情況，例如沮喪、氣憤等負面的情

緒，因而破壞了關係的和諧。於是我們常自以爲是地
在說「眞心話」，事實上卻是以「眞心話」來攻擊對
方，希望對方就範，其實這又是另一種操控。

瞭解自我內在的冰山

　　事實上，很多人在處理人際關係時，會覺得自己
是眞誠的，可是卻已經對別人造成無意的傷害。其實
對應到自己內在的需求，人們並不是眞的那麼瞭解自
己內在的冰山①，人的內在冰山是一層一層的，包括
情緒也是一樣，一層一層地往深處走，會發現人的渴
求也是一樣。

　　譬如你過去曾批評過我，我並沒有忘記，一直記
在心裡，所以我就覺得你這個人對我沒有好感，可是
爲了維持表面關係，我只好戴著一張面具，突然有一
天，可能發生某些事情，我決定不要再戴面具了，於
是就開始出現對你的不滿。

　　然而重點是：我爲什麼不滿？表面上看起來好像
是因爲你曾經批評我，導致我的不滿，可是從另一個
角度來看，爲什麼你說了那些話，我會感到不滿呢？
我們並沒有再往自己內心深究，而是直接以憤怒來表
達，實際上這就是一種自我防衛。

　　人們如果繼續往內心看，為什麼會產生不滿呢？是因為你的話語，讓我覺得受傷了嗎？而我為了要保護自己，所以自然會表現出憤怒。但是，我為什麼要保護自己呢？難道你說的話是真的嗎？還是我覺得被冤枉，覺得自己渴望被瞭解的需要受傷了？如果我們願意正視內心，會發現別人所講的可能是事實，如果這真的是事實，那就看自己能不能誠實去接受：「我真的就是這個樣子的人？」如果能誠實接受，就不會以憤怒的情緒去對待，而會以接納的態度來面對。

　　相反的，如果自己並非如對方所說，根本就不必在乎對方的話語，因為這不是事實。所以，所謂的「真心話會傷人」的假設是錯的，會傷人的話是一定具有防衛性，也具有操控性，並不是真正的真心話。而這一連串的自我發現，也就是覺察的過程。

　　所以當人們經過「覺察」的過程，就可以發現自己的各種面貌。舉例來說，當我聽到有人說：「楊蓓這個人怎麼這麼小氣！有一些課程明明滿有意思的，她就是不告訴我。」聽到這些話以後，我可能心裡會不高興，認為是對方對我有成見。可是此時如果我願意面對自己，自問為何心裡會不痛快？繼而一想，我是真的沒有跟對方說，而且說的對象好像真的是有選

擇性的，有些人我會告訴他這些訊息，有些人我卻不
會。我為什麼會有選擇性呢？在所謂的選擇性裡，再
往深一層看，這選擇性的背後，可能早有一些假設存
在，例如我打從心裡就不覺得對方會聽得懂這些課
程，如果我從一開始就認定對方聽不懂那些課程，我
一定就是把對方排除在外了。

　　從認定對方聽不懂課程，再往深一層探尋，我為
什麼會從一開始就把這個人排除在外，認為他根本就
不會聽懂呢？這是我的偏見嗎？還是有什麼原因呢？
當我再進一步探尋時會發現到，其實我今天在講某些
課程時，是希望別人可以附和我的，而我可能在骨子
裡就覺得對方聽了我的課程之後，一定會不以為然，
所以我才「選擇性」地不讓對方知道。當我一路檢查
自己，發現到自己的「大小眼」，發現自己其實還是
希望人家可以附和我、可以肯定我，這才是我真正的
需求所在，但當中已經過了許多轉折。

探索自我是沒有盡頭的

　　人對於自己需求的瞭解跟掌握，不能只限於表
面，必須很深刻地一層一層往內探索，否則無法探究
到真正的需求，這個過程可以稱為反省。

　　很多心理學家在講述人的需求時，可能都講得很簡單，可是在實際執行的過程當中，會發現到人在面對自己內在眞正的需求時，其實很不容易。因爲人的需求與生命意義，是絕對相關的。自己內在眞正的需求就是要尋找，慢慢地尋找，甚至要從一些小小的線索開始往下探索。其實生活中發生的每件事，我們都可以一路探索下去，然後慢慢發現自我，找到自己的需求。

　　在生活中，我們可以試著抓住一個毛線頭，順著毛線頭一路追、追、追，逐漸地會看到毛線頭裡是些什麼，看清楚以後，對於修正自己的行爲會有絕對的幫助。有時我們看清楚了以後，會發現人有幾樣根本需求，是不太容易超越的，譬如說希望被愛、希望被瞭解、希望被肯定、希望自由，這就是馬斯洛（A. Maslow）提出的需求階層②。人就帶著這些需求來來回回、裡裡外外地追逐，一輩子沒完沒了，這是人類生存的限制，同時也是所有痛苦和快樂的來源。

　　現在有那麼多人修行是爲了尋求開悟，因爲開悟見了空性之後，這些需求比較容易放掉，即使無法立即完全超越，至少知道怎麼超越，也明白超越之後是怎麼回事。沒有開悟時，人就是一直在裡面轉，通常

需求本身也是我們執著的根源，這是很有趣的事。

內省助我們建立親密關係

由修行的角度來看人際關係的互動，最重要就是減少把負面情緒往外射出去刺傷別人，而是要往內觀看，把負面情緒看成是一個很好的修行線索。自己如何把負向的情緒，變成是跟別人更靠近的一個過程，這是一個技術性的問題。

譬如剛剛我所舉的例子，整個過程中，對方對我說了一些話，讓我覺得心裡不痛快，如果我在反省的過程中，可以跟對方分享這個內省的過程，結果可能就很不一樣。可能一開始我會告訴對方，其實我心裡對你是存有意見的，我有一些不愉快的感覺，如果跟他人分享的是自己的反省過程，那彼此之間的關係就不會倒退反而更為靠近。

其實建立親密關係是要經過這樣的過程，透過一個內省過程，然後與別人分享，讓對方有機會深入瞭解你，但那需要非常大的勇氣。如此一來，負向情緒反而變成是親密關係的橋梁，夫妻情侶之間很需要這種溝通，可是有時候卻很難，因為生活模式已經習以為常，突然跳出這種溝通方式時，對方會感到突兀，

不明所以。

　　親密，人人渴求，而親密關係本身其實就是一個
修行的道場，如果可以透過對自己操控行為的覺察，
尋找執著的根源，透過對負向情緒的反省，反覆提煉
互動之間眞實面對的勇氣。親密，就離我們不遠。

〔註釋〕

①：可參閱作者著作《自在溝通：EQ 成長的泉源活水》
　　中，關於薩提爾（Virginia Satir）的冰山理論部分。

②：馬斯洛認爲人類基本上有五大需求：溫飽、安全、愛
　　與被愛、受尊重及自我實現。

親密與自由

親密與自由的平衡點

要瞭解親密與自由的關係，得先從親密開始解釋。人活著不能沒有「親密」關係，「親密」就是人際生活裡強烈互動的存在。雖然現代交通發達，拉近了彼此的距離，可是人仍然尋求更緊密的關係。而手機、電腦網路運用的普及，也成為方便聯繫的最佳工具。

有時看到孩子連睡覺時手機都放在耳朵旁，心想這到底是怎麼一回事！當我問起女兒時，她給我的回答是：「我們同學都這樣！」這個答案反映出一個事實：人與人之間渴望有強烈而緊密的互動，最好能天天膩在一起。

人之所以想要膩在一起是有原因的，可能是會讓

我們覺得心裡充滿親密感，當人擁有親密感時，可以從內在得到許多的滿足。

首先，滿足自己的「自我肯定」，表示自己「這個人」還不錯，所以從中可以得到自我肯定；然後，也「不怕孤單」，因為有人喜歡，表示有人願意作伴。除了作伴之外，還知道有人愛，當人覺得被愛時，心裡很自然填滿幸福感，也就覺得整個世界變得很美，人也顯得喜悅快樂。最重要的是，活在這個世界上有價值，可以彰顯「自我價值」。這幾項好處，讓我們對「親密」的追求不遺餘力。

裝可愛，因為想要被愛

人與人之間的親密感，不只侷限於男女之間的情愛，其實只要在「人」的關係裡，就會有對親密感的需求。例如，從孩童時代起，就已經開始學習如何把自己變得很可愛、很順從，從小就以學習這樣的技巧，來討大人的歡喜。套句現在年輕人常掛在嘴上的話，就是「裝可愛」。「可愛」這個字很有意思，換句話說，就是「可不可以被愛？」有時候當我們發覺自己是可以被人家愛時，幸福感就會油然而生，所以，人從小就在學習「裝可愛」。

　　如何讓自己變得可愛？不僅我們的外表、言談舉止要合宜，還要會察言觀色，觀察如何應對進退，才可以符合別人的要求，然後對方也會因為我們做到了，而給予讚賞。我們從讚賞裡，一方面好像得到獎賞，覺得自己還不錯，於是就可以慢慢證明自己的可愛，然後也慢慢覺得自己是有價值的；可是另一方面，我們也學會原來「裝可愛」是可以贏得別人的喜愛，而且這個方法行得通。所以，當我們冷眼旁觀時，我們會發現孩子多少有裝可愛的行為。

　　那為人父母者有沒有也在裝可愛呢？看看現代社會常舉辦一堆親子講座就很明白，這些講座吸引很多父母去聆聽，大家都想要做很棒的父母，希望自己在做爸爸媽媽的角色上，可以獲得子女的喜愛。當父母獲得子女喜愛時，會覺得自己很有價值感，同時也會覺得自己是被愛的，被子女愛這件事對父母來講很重要。父母其實很在意是不是被子女喜愛，如果他知道自己是被子女所喜愛的父母時，心裡洋溢著幸福感，會覺得：「哇！這個孩子真是沒有白養！」

親子關係是最初的親密關係

　　還有個有趣的現象，中國人的子女比較少直接對

父母說「我愛你」，尤其是像四、五十歲這個年齡層的人。那要用什麼方式向父母表達「我愛你」呢？就是用「功成名就」來向父母表示。當父母看到自己子女有成就，或是擁有幸福美滿的生活時，自己心裡就會生起「這是我的價值所在」。

不論身為孩子或是為人父母，表達「我愛你」的形式雖然不一樣，但可以看出人從一出生開始，從最先接觸到的親密關係裡，就可以體會糾纏一輩子的親密關係。

再舉一個例子，對多數生過小孩的婦女而言，當看到一位挺著大肚子的孕婦時，常會以過來人的經驗，忍不住和她說：「現在帶著球跑還好喔！妳還可以要到哪就到哪，等到小孩出生後，換妳跟著他跑！」我想所有生過小孩的婦女，大概都有類似的心情，一般人乍聽之下可能沒有什麼感觸，只有等自己親身經歷到了，才會心有同感。

有一位長輩，她快七十歲了，孩子都已長大，而且也有了孫子，她曾跟我說：「楊蓓，我最近還在學習如何不要管我的孩子。」她的心中明明知道：「我的孩子都這麼大了，我幹什麼去管他們！」可是她就是不自覺的，常常會打個電話詢問一下，雖然孩子們

每個禮拜天都回家看她，可是她還是一樣放心不下。
她說：「我就是一直提醒我自己不要管這麼多，可是
很難。」所以父母與小孩的親密關係，從出生那一刻
起便開始糾纏，而且是糾纏一輩子的。

親密關係，相互控制

　　處於這樣的親密關係裡，我們會發現，其實彼此
之間都是有苦有樂，才會一直糾纏在一起，從糾纏裡
得到肯定、得到被愛、得到價值感；同時，也帶來很
多痛苦，就是喪失自由。其實，人只要進入到一個角
色裡，當關係建構起來，不管在認知上、情感上、行
動上，都必然受到相對應角色的控制，所以很多子女
抱怨父母控制他，而父母通常也會發牢騷，抱怨受到
孩子的牽絆。

　　這是一個很有趣的現象，我們一旦進入角色的親
密關係之後，我們都認為自己是被別人控制。男女朋
友關係中，男女雙方也是互相操控，例如當男孩有了
女朋友，父母可能也會介入，發表這個女朋友到底合
不合適之類的意見，所以就把角色關係弄得更複雜。
本來一對一的關係就已經很難應付了，再加入其他角
色的意見，就顯得更困難了，如婆媳關係就是一個非

常典型的例子。其實，人的關係就是這樣複雜，可能
全部都纏繞在一起，所以有時我們的不自由，不僅僅
來自於相對應的角色，可能也來自於非直接相關的角
色。

身不由己的不自由

　　一般而言在親密關係裡，女性很容易扮演討好的角色，整個的生存價值，並不是由自己來建構的，而是建築在別人的認知上。當她討好成功時，別人覺得她裝可愛裝得還不錯，於是喜愛她。

　　對女性來說，「長期」的「習以為常」要裝可愛，導致她內在的價值感不夠，不太有真正建構自己的機會。演變成今天你裝可愛裝得好，別人就會喜愛你；如果裝可愛裝得不夠好，可能得到的喜愛就變得比較少。

　　甚至，有些女性在裝可愛的過程當中，她裝得再好，永遠也不會變成家裡的第一名。為什麼？因為兒子永遠是第一名。在父母的心目中，兒子再怎麼糟糕

都是第一名；相反地，女兒再怎麼好都不是第一名，而是第二名。在「永遠是第二名」的情況下，她的內心充滿挫折感，因為裝可愛裝了半天，縱使別人也說：「耶！妳很好啊！妳很棒！」，可是她明白自己終究不是第一名。正因為「永遠是第二名」的情結，讓她拚命想要去得到「第一名」，但是在追求的過程當中充滿挫折，再怎麼努力還是沒辦法變成第一名。

女性的「第一名」情節

在「不可能得到第一名」的情形下，挫折一直累積，累積久了以後，當她和別人要建立親密關係時，競爭的對象就從兄弟轉換成先生。當她嫁人以後，心裡想：「我嫁出去以後，總可以變成第一名吧！」她認為在原生家庭裡，自己永遠沒辦法得到第一名，所以在嫁為人婦後，希望在與丈夫組成的新家庭中，自己可以變成第一名。

然而出嫁後，女性變成第一名的機率，其實也不大。因為女性面臨的並不是個人第一名或第二名的問題，而是面臨到整個文化跟社會結構的問題，這是無法靠個人力量扭轉的情勢，除非是套句佛教說的「福報」好，遇到甘願做第二名的先生。然而，往往就算

有些先生甘願做第二名，太太也永遠覺得她還是第二名，為什麼呢？因為她已經習慣了，習慣把自己放在第二名的位置，雖然口頭上會抱怨，實際上卻還是習慣做第二名。

因此，從女性的角度來說，與先生之間的關係也是挫折的，她依然無法變成第一名。當女性好不容易生了一個兒子，在她生養兒子的過程中，她又希望變成第一名，當兒子還沒有娶妻以前，母親是可以維持第一名的。因此，很多婦女會把「婆婆」這個角色抓得這麼緊，原因就出於此，因為那是她穩居第一名的位置。可是，當母親把這個第一名的位置抓得穩穩的時候，居然又出現另一個女性，讓她又退居為第二名，此時她的心裡其實很不是滋味。

從這整個歷程來看，因為身為婆婆的女性會覺得第一名的位置，是她從出生以後汲汲營營裝可愛的結果，到了老年來，好不容易得到的第一名，現在卻又要被另一個女人拿走，於是產生了婆媳問題，這問題也一直存在我們的文化裡。

值得一提的是，做媳婦的人也不自由，為什麼？因為她也是陷在第一名和第二名的糾纏裡。所以常常有一些女性朋友會跟我說：「哎喲！我哪一天不要管

我先生，也不要管小孩，我什麼都不要管，到廟裡去住幾天就好了！」她以為到了寺院中，她就是第一名了，可是並沒有！她可能又會陷入另一種糾結中，產生另一種第一名的情結。

拿「女性」這個角色做例子，是希望能明瞭女性一生所追求的，表面上看起來是親密關係，可是骨子裡追求的還是那個「第一名」。因為當她認為擁有親密感，她心裡才會有滿足感，當她覺得被愛的時候，她應該是第一名的。這個部分對很多女性來講，其實是一輩子的束縛，一輩子的框框，然後就在這個框框裡面出不來，所以怎麼可能自由呢？

「裝堅強」與「裝可愛」異曲同工

再來，看看「男性」這個角色，如果以為在追求親密關係中女性並不好過，事實證明男性也沒有比女性好過得多。女性從小被要求「裝可愛」，男性則是被要求「裝堅強」，在裝堅強的過程當中，他用他的堅強、用他的出色，來爭取被愛的感覺。

縱使在家裡、甚至家族裡，永遠把他擺在第一名的位置，可是因為他是被要求的，並且是以第一名的位置和角色框框來規範他，所以第一名對他來講，可

能不是他想要的。但是為了爭取被愛的感覺、被喜愛的感覺，他一定要想辦法讓自己變成第一名，於是陷在這樣的角色框框裡，所以他的情境跟女性的「裝可愛」其實沒有什麼兩樣。

男性可能從小就被父母操控著，被角色框框要求與期待，通常父親扮演控制和要求的角色比較多，相較於父親的嚴厲，母親則是用一種所謂的柔性訴求，例如：「我愛你，所以你要聽我的」、「我把你照顧得好好的，你應該要聽我的」……，這些也是一種操控。所以在衣食無缺、永遠在享受第一名得到的待遇的同時，男性所交換出來的條件是「我要聽你的」。

男性在整個成長過程中，相較於女性，因為會得到很好的讚賞，所以會覺得「角色框框」其實挺好的。可是等到男性漸漸長大後，首先會對那個框框產生疑問：「這個樣子真的是我要做的嗎？」然後對於來自父母的控制，他會覺得：「他們為什麼要這樣子對我？」當出現這些疑問時，其實是他的腦子裡早已浮現更多其他的疑問：「我究竟是一個什麼樣的人？我又希望自己變成一個什麼樣的人？」

不過，剛開始男性可能沒辦法這麼理性的思考，只是會覺得：「我要跟女孩子出去吃個飯，你們為什

麼要管我這麼多？」、「我想要玩電腦玩到半夜兩、三點，為什麼你們叫我十一點就要上床睡覺？」這些生活習慣或是細節上的出入，讓他發現自己拗不過父母，同樣地，父母也會抱怨拗不過自己的小孩，「無形的要求」就在彼此之間糾纏著。

等到男性好不容易可以離開家，擁有自立的能力，例如結婚有了太太，或是有女朋友以後，他內心可能會想：「我從此以後天下太平了！」結果沒想到結婚後，太太也是同樣管著他，於是又陷入另一種關係的糾纏裡。夫妻兩個人生活在一起，彼此會互相遷就，但是如前面所提，其實身為太太的，那種第一名、第二名的心結一直都在。

「你要聽我的」這種操控

為人妻者在從小裝可愛的歷程中，也學會了跟自己母親差不多的工夫──柔性的管理。柔性的管理所用的方式，就是：「我對你很好，你要聽我的。」同樣的道理，因為：「我愛你愛得要死，我為你付出很多，孩子你要聽我的！」

我們會發現在「你要聽我的」這種要求裡，做太太的並不是一開始就那麼強勢，她可能採取枕邊細語

的方式。我笑稱「枕邊細語」就如同「穿腦神功」一樣，身為先生的人就不自覺地開始回應：「喔！好！是！……好！是！」不知不覺地，他發現自己某部分也被控制了。可是很有意思的是，人有時是甘願被控制，有時是不自覺被控制，而有些人在這些關係裡，雖然不自覺地被控制久了，依稀會覺得：「這日子好像不應該是這個樣子的嘛！」於是就開始產生疑惑。可是有人還是甘願被控制，因為要維持這個親密關係，他害怕破壞現況，所以便會說：「好，都是我錯，這樣好不好？」

很多女性對男性所說的「好了！妳不要吵了！都是我的錯好不好！」應該覺得不陌生，問題是當他這樣說的時候，她們自己相信嗎？她們一眼就可以看出男性的言不由衷。所以當這樣的情形發生時，對男性來說，他雖然離開了媽媽的控制，卻變成受到太太的控制。

男性經過母親、太太兩個女人的調教之後，如果他生了一個女兒，那個女兒是最幸福的。因為在父親疼女兒的過程中，他從自己應對生命中另外兩個女性（媽媽與妻子）的經驗裡，終於有一點點摸清楚女性到底是怎麼回事，此時他對女兒的疼愛就不一樣了！

親密與束縛

在這疼愛的過程中，父親也學到很多東西，雖然是愛自己的女兒，不可否認的，也會有一些操控手段。不過，他愛女兒的過程當中，因為帶著過去的經驗跟瞭解，所以他對於女兒的包容和接納，其實是比較多的，所以這個女兒是幸福的。

而在她們成長的過程當中，因為得到的待遇與之前祖母或母親不一樣，在她經驗被父親疼愛的過程，慢慢地發現自己其實是「第一名」，產生了女性的自信；間接地來說，女性的自信也是促使離婚率提高的一個很重要的原因。當女性有了自覺，她會覺得不需要進入那種互相束縛的關係裡，她會開始意識到在她跟父親相處的過程當中，一個自由的女性是什麼樣子，於是她對於那種要互相約束綁在一起的關係，會覺得不耐煩。

由此可知，在追求親密的歷程裡，其實男性跟女性並沒有什麼差別，他們同樣在一路追求親密關係的過程中，同時經驗了很多操控跟被操控的過程。有些人可以從糾纏中走出來，因為他經驗過、學習過，也弄明白了：「喔！我終於知道是怎麼一回事了！」於

是他可以修正自己。當然，有些人還是沒有辦法，所以他可能依舊在那個束縛裡，一路走下去。

無條件的愛，崇高的夢想

通常人們失戀了，要多久時間才能脫離失戀的狀態，讓自己不再有失戀的感覺？

曾經問過我的學生，失戀的感覺平均維持多久？大學生的答案是一、兩個月。我問當時念高中的女兒，她的答案是兩、三個禮拜就夠久了；而我讀國中的女兒的答案是：「媽媽，我們同學中有的兩、三天就換一個交往對象。」可是我有個學生失戀了，竟然持續大概有兩年之久，兩年來都一直處於失戀的狀態下，總是悶悶不樂，並不是罹患憂鬱症，而是見到異性也引不起他的興趣。

有一次我便問他：「你到底要在失戀裡面待多久啊？」他突然間震驚了一下，顯然我的出其不意讓他

感到訝異，他回說：「老師，妳為什麼要這樣問？」

我說：「是啊！你已經失戀兩年了！好像也沒有意思要改變現狀，所以表示失戀對你來說，其實挺有好處的，那我想問的是，你準備在這裡面待多久？」

他說：「老師，妳怎麼可以這樣說呢？我很痛苦！」我回答：「我知道你很痛苦，不過，你待在失戀裡那麼久，表示應該有很多好處，你不妨想想看留在失戀裡面有什麼好處？」結果他不置可否走掉了。

享受失戀的好處

隔了一段時間以後，那位學生很不好意思地跟我說：「老師，我發現失戀的好處還不少。第一，早上我爸媽不會再叫我起床了，然後，我也可以比較隨心所欲。」因為父母想說這孩子失戀了，所以就多包容他一下；他的同學、朋友也想他心情不好，就常常陪著他，大家都是善意的陪伴，結果他就這樣一路走下來。

他接著說：「如果那天老師沒有問我要在失戀裡待多久，我覺得處於失戀狀況還真是不錯！」我問他：「那你花多久時間才把前女友忘掉？」「老師，說實話，大概失戀半年後就忘掉了。」所以我告訴那

位學生，他多賺了一年多的時間，而且還不錯的是沒有鑽牛角尖，讓自己一直沉溺在這個挫折裡。

從我與學生的對話中，可以發現到一件事情，人從操控中得到幸福感，可是也有痛苦的感覺。如果你能夠從操控中得到勝任感，並且還賺到價值感時，就會覺得自己好像還不錯。可是，換句話說，人仍然要持續的操控，才能夠掌握所擁有的東西，為了將所謂的幸福握在手裡，不讓它飛掉，所以要用力地握著。即便如此，人在擁有勝任感時，還是感到很費力，因為時時刻刻擔心勝任感不見，時時刻刻擔心自己不能夠操控成功，這樣哪來的自由呢？

在所有的角色關係裡，我形容為戰場的，是所謂親密感的產生，也就是有輸有贏。當贏的時候，其實還是會擔心失去；當輸的時候，更理所當然地沉浸在痛苦裡。到頭來我們會發現，人在操控的遊戲裡，就是很簡單的一句話：「非常的不自由。」

愛，無條件的接受

因此，很多的心理學家針對這樣的情形，發明了一個名詞「無條件的愛」。在心理治療的過程當中，會發現很多人其實心裡渴望的就是無條件的愛，以為

獲得無條件的愛的同時，所有的憂慮都會消失。「我
不用去操控」、「我不用去裝可愛」、「我不用去裝堅
強」、「我回歸做我自己」……，而且當我做自己
時，不管怎麼樣，永遠都不用擔心我的愛會消失。

「無條件的愛」給人類一個非常崇高的夢想，如
果要求在我們生活周圍的人都這樣付出，機會是十分
渺茫的！因為人與人之間，還是沒有辦法擺脫角色、
擺脫關係，彼此都會想「憑什麼要無條件愛對方」，
彼此也都需要價值感，這是很公平、很自然的。

所以無條件的愛給我們的，是一個很崇高的夢
想，那存在於每一個人的心裡，期待自己所處的環
境，身邊所有人都會接納自己，不管發生什麼事都可
以接納我們，而且永遠不用擔心。有時，人們期待往
生西方極樂淨土，就是因為那裡擁有很多無條件的
愛。

可是活在這個現實的世界中，我們有沒有辦法去
完成無條件的愛呢？

當人擁有無條件的愛時，同時會擁有自由。人對
於自由的解讀，常常是「我是什麼樣」，別人就會接
納「我是什麼樣」，於是我更理所當然地做我自己，
這有一點隨心所欲的味道。其實，不管親密關係也

好，或者是無條件的愛也好，我們常常都會認為，必須要靠別人營造出一個理想環境後，才能在那裡獲得自由。可是，也由於這樣的認知，人永遠就活在夢想裡。

快樂也是一種束縛

人要能夠獲得自由，想從親密的關係裡超越出來時，有個很重要的前提：心是不是自由的？所謂「心的自由」，其實是人在親密關係裡，仍然能夠享有自由。人在享有自由的過程中，會吃很多的苦頭，但這些苦頭是充滿價值的。

人常常因為計較著「我沒有辦法操控，於是我失敗了」，或者「我操控成功，所以我享有了親密，可是又擔心失去」。當人處在這樣的夾縫裡時，心是不自由的，雖然行動上可以每天跑來跑去，可是心老是在某個地方被困住了。

當心被一些東西如私情、擔心、期待、別人的話語等所困住，心就在原地繞圈子，當繞不出來時，縱然擁有親密的情感，心卻不自由，於是，親密感就成為可望而不可及的了。

有些人因為有錢，可以不必上班，愛去旅行就去

旅行；或是擁有權力，打個電話交代一聲，就有人幫
忙完成……，可是，他依舊擺脫不掉內心跟自己的交
戰，所以心就時時刻刻卡在那樣的糾纏裡，人也就無
法安定。當關係好時，就覺得今天心情好，關係不好
的時候，心情就低落，天天這樣起起落落地心隨境
轉。

「起起落落」本身就是一個束縛，很多人都會認
為，當他沒有痛苦、挫敗感、憂鬱的心情時，才是自
由的。其實不然，快樂也是一種束縛，為什麼？因為
我們害怕失去啊！害怕失去快樂，所以當人擁有一個
很好的關係時，還會想用更高明的方式把關係穩住。

整個社會就是這個樣子，人操控人的手腕，不停
地推陳出新，因為人是活的，唯有抓著不放，才不會
跑掉；抓住了之後，還要不停的改變，讓對方覺得被
抓得心甘情願，才不會想跑掉。如此天天要研發新的
操控方法，這就是一種不自由，但人就是活在這樣的
社會裡，沒有辦法擺脫，我們必須要體認到這樣的一
個現實。

完美的關係
等於完美的人？

心，到底如何才能從親密關係的糾纏、束縛裡脫困而出，享受真正的自由？

有一位心理學家曾說：「當人開始接納自己的不完美時，便開始嘗到自由的滋味。」從這句話我們可以想見種種操控過程的背後，都有一個假設，人活著要求完美，為了達到完美，一定會採取一些手段，於是不停地改善自己，讓自己可以變得更完美。

改變自己成為一個完美的人的背後，其實也意味著一個完美的人，才能夠擁有一個完美的關係。換句話說，擁有完美的關係的人，就是一個完美的人。所以，有些人很辛苦，為人父母者要一百分，當人子女

也要一百分,身為一個主管或者是部屬也要一百分,在朋友眼中也要一百分,什麼都要一百分。對很多人來說,在追求一百分的過程當中,就是追求一個完美。

人人都在追求完美

　　人努力地追求完美,從某一個角度來講,這是正常的,因為人活著,一定有其生存的空間跟位置,我們不能否定追求完美的正向意義。可是,追求完美的人往往忘記一件事情:人是有其限制的,好比體力與心力上的限制,還有其他各式各樣的限制。所以在要求自己每一樣都要達到一百分的同時,事實上即是以「非人」的方式在對待自己。當用非人的方式去對待自己時,也會不自覺地用非人的方式去期待別人,生活在這樣的人周圍是很痛苦的。

　　當我們用非人的方式去期待別人時,其實也意謂著自己看這個世界都是不完美的,於是又回過頭來更加深對自己的要求:「我一定要更完美!」看到不完美時,又想進一步超越那個不完美,一路走來,只是一層一層的把自己綑綁起來,心何來自由呢?

　　「一個完美的關係等於一個完美的人」的假設,

幾乎存在我們每個人的腦海裡。我們常會聽到人說「他是一個完美主義的人……」、「處女座就是要求完美……」，其實說這話的同時，別忘了每個人都要求完美，正因為我們要求完美，才感到束縛一層一層的往身上揹。

學習「放下」，接納「不完美」

所以，心理學家才會講，當人開始接納不完美時，心才能享有自由，用我們的文化來說就是「放下」。放下什麼呢？不是放下別人，而是放下自己，放下自己的桎梏，不再一味地追求完美的形象，不再以「非人」的方式虐待自己。

有一個朋友向我訴苦，其中包括他的難處與努力，聽完之後，我便告訴他說，在我聽起來這一切真是自我虐待。那位朋友愣住了，因為他從來沒有想過「自我」，從沒意識到這是在自我虐待。他很認真地聽進我所說的話，也認同自己在自我虐待，所以他開始放下，自我照顧的心就開始產生了，並開始接納自己，接納自己的痛苦，接納自己所帶來這麼多的苦惱，進而停止抱怨。

人在追求完美的形象時，如果不放下自己的話，

常常會進一步地去責備別人，讓整個關係更糾纏。舉例來說，假如做太太的不認為自己是在爭取第一名，那麼在操控先生的過程中，如果先生不接受她的操控時，她便會開始埋怨對方。

我們常聽到年輕夫妻說：「你看你都不愛我了！」當太太說先生不愛她時，先生心裡認為並沒有不愛太太，可能會向太太對不起，而說：「都是我的錯，下次改過。」然而先生下次真的改過了嗎？事實上並沒有，這個先生也跟太太玩起遊戲來，就像貓抓老鼠一樣在屋子裡轉來轉去。

認清自私，看見自己的有限性

所以癥結就在於人們沒有放下自己的有限性，甚至於沒有放下為什麼要去操控別人的初衷，因為人在操控別人的過程中，以為可以完成自己的價值。所以如果先生聽話時，當太太的人會認為自己是個很棒的太太；子女聽話時，會覺得自己是個很棒的父母；在公司中，身為部屬者，如果主管願意聽取我的意見時，就覺得自己很棒！我們從這些地方找到了自己的價值。可是，同時也被自己困住而不自由。

要從重重束縛裡脫身，必須要先看到自己操控別

人的初衷——其實是爲了自己。有句話說：「人不爲己，天誅地滅。」這是至理名言，人活著基本上一定是自私的，但自私並沒有什麼不好，不用一味否認自私。

人只要坦誠處於這個階段：「我就是自私的，在對別人好的同時，我也要爭取到自己的福利。」隨著年齡的增長，最後眞正認清自己的自私，也就能夠看見自己的有限性。比如說：原來我這麼怕死，怕死了以後小孩沒有人照顧。如果今天所有跟我的關係都斷掉了，就沒有人再來告訴我，我活著的價值是什麼了；擔心原來的關係失去時，會覺得自己失敗了……。

我們就是有這麼多的擔心，在這麼多的擔心裡，產生了操控的行爲。我們一定要回到源頭，才能夠看見自己是被什麼東西所綁住。追到最後我們會發現，其實眞正綁住我們的是自己，所以當我們能夠找到「是怎樣被自己所綁住」的初衷時，我們才能進行下一步的工作。

「超越」與「轉化」的區別

在心理學中大致分成兩條路，一條路我們叫做超越（transcendence），transcendence 就是那種突然間的

超越，這方面其實在心理學並不太談論，倒是在宗教範疇裡比較常談到。很多修行人在這個過程中，會因著一些宗教經驗，讓自己突然間好像抽離了人世間一樣，開始產生強烈的出離心，就好像活到另外的一個世界，現有的關係整個都改變了。用宗教的語言來講，就是一個非常強烈的出離狀態，同時在宗教裡產生強烈的狂熱，使他跟整個現世脫離了。

從心理學角度來說，並不太鼓勵這種超越，原因是有些人經驗到這樣一個強烈的出離時，他以為是自由的，同時，他也可能喪失了社會適應的能力。

但是這個階段是會改變的，當人有這種強烈的經驗後，出離的過程會慢慢地淡化，他會重新再回到人世間，那將是一段很漫長的適應過程。人，基本上是要活在社會文化的結構裡，而超越的過程所帶來的適應歷程，如果適應得不好，這時的確會有精神上的危險，可是通常這樣的改變過程並不知道會發生在什麼時候，所以在這方面心理學討論得不多。

另外，有的人帶著他的認知系統、情感系統，慢慢地重新建構起一個自己覺得比較舒服，別人也覺得比較舒服的一種親密關係，心理學者把這個階段叫做轉化（transformation）。這是改變的一種，是一種漸

進的改變，一邊調整一邊改變，而且帶著強大的認
知，知道自己在做什麼，知道自己的限制在哪裡，藉
著修正自己的行為或修鍊自己，慢慢地放下對於自己
有限性的執著，然後慢慢地不再被自己的有限性所框
住，這才是眞自由。

修行，得到最終的自由

人在轉化的過程當中，我們的心應該清清楚楚、明明白白是怎麼走過來的，但這是很辛苦的過程。舉一個很簡單的例子，有些人想要吃素，也開始吃素了，但是他卻想要吃得很精緻。吃素的精神與用意，應是希望在飲食上可以清淨自己的身體、清淨自己的心靈等等，可是如果卻又去抓住「精緻的吃」，結果依然是苦。我們總在一層又一層的清楚明白與自己的習性之間掙扎、奮戰。

所以，轉化（transformation）的苦就苦在這裡，說要放下那個卻又抓起這個，天天都活在一個自己覺察自己的過程，然後再有足夠的勇氣跟毅力去修正自己的過程。我常常覺得所謂修行，簡單一句話就是修

正自己的行為。所謂修正自己的行為，就是要看見自
己哪些行為要修正，可是我們常常會適得其反，把自
己推向完美境界在追求。

不再等人來愛自己

　　當一個人想要開始修正自己的行為時，首先要能
夠看見自己的有限性，因此必須放下自己對完美的執
著，而且從中看見到底自己執著的是什麼：「我就是
那麼執著要被人愛」、「我就是那麼執著要得到這樣
的關係」、「我就是執著在某一個角色關係裡相對應
的狀況」……。

　　我有一位從事心理治療工作的外國朋友，也是我
的老師，他曾說他小時候的一個夢想就是想要擁有一
部積架（Jaguar）汽車。他自己從事心理治療工作，
卻放不掉他的夢想，雖然他有錢，可是也不夠揮霍去
買一輛那樣的車，而且事實上也沒有必要買那樣的
車。雖然理性上他告訴自己，可就是放不下這個夢
想，而且這個夢想跟他的父親有關，當積架汽車的形
象一出現時，就跟他父親的形象連結在一起，所以他
一直放不掉。

　　在做心理治療的過程中，他只能幫助自己把父親

跟積架汽車分開：父親是父親，積架汽車是積架汽車。他將有關父親的部分處理好了，卻還是放不下這個夢想。後來他買了一輛積架汽車的模型，擺在他的治療室裡面，天天看著他的積架，滿足得不得了。

其實他明瞭自己並不是真正想要擁有，而是心裡一直希望擁有，所以有個模型對他來講就已經很安慰了。他一路轉化這個過程，轉化到他只要擁有一台汽車模型就好。

人在親密關係中，我們最內在、最柔軟、最隱密，又讓人最陶醉的部分，跟我們無條件的愛有關，就是永遠覺得自己是一個可以被接納、有價值的人，不管自己長得什麼樣，不管成就如何，都是完完整整的一個人，可以完全被接納。

在無條件的愛裡，我們常常希望別人來愛我們，一直等待著，等著出現一個英明的君主，或是等著出現伯樂，這個部分很難放掉。轉化的過程裡，其實就是一個關鍵，明明知道不一定會碰到，所以連等都要放下。

放下後，誰來接納自己內心最柔軟、最隱密，又最陶醉的部分？這世界上除了別人之外，還有自己啊！人們常說：要愛自己。真正的愛自己，就像跟自

己談戀愛，跟自己之間產生親密的感覺，當我們能夠接納自己如同期待別人接納自己時，我們的心才是自由的。因為自己的對與錯自己承擔、自己接納，於是在這轉化或者是修行的過程中，一點一滴地接納自己的有限，然後開始愛自己。

自由的骨牌效應

　　一個擁有自己的過程，真正完完全全擁有自己的過程，也就是開始去追求自由的過程。當自己能夠去追求自己、愛自己、擁有自己，並且在這個過程中覺得：當周圍所有的人都不瞭解也不接納我們時，至少還有自己是瞭解、接納、擁有自己的。只有在不需要完全仰賴他人的評斷時，心的自由才會發生，在這樣的過程當中，原來的桎梏、批判、評斷自己的東西並不會消失，但我們知道評斷還在，可是同時我們又開始去接納自己，評斷跟接納同時並存，當然這不是一件容易的事情。

　　人在這樣的過程當中，很多人都會等到稍微有一點點年紀才開始修行，是因為他終於嘗到苦果，覺得原來人世間不是像自己想像的完美，於是開始要去消化自己的不完美，消化自己的苦，進入到修行的這條

路上，這是自由的契機。從這個好時機，我們開始去面對自己的不完美與有限性，然後開始進一步地去接納自己的有限性。

得與失是一體的，當「放下」發揮得恰到好處時，好比放下那些沒有辦法消化的不完美或是有限性後，反而得到好處，心裡沒有什麼擔心、害怕、畏懼，此時自由才會發生。當一個人覺得自己可以不完美時，他不會用完美的角度去要求別人，也就會發現自己的操控行為愈來愈少，如此自己不會綁住自己，身旁的人也不會被自己綁住，彼此都開始自由了，而產生骨牌效應。

這個骨牌效應是由我們的內在產生，因為自己得到了自由，所以不再去產生操控的行為，於是別人也跟著自由了，當對方開始自由時，他才真正開始不綁在關係裡，可以比較真實的做自己。

當我們真實做自己時，對方也才開始有空間真實地做自己。人跟人之間擺脫掉操控的親密感，才是最真實的親密感，那是站在一個很真實對等的立場時，我們相知相惜的親密感，沒有擔心、害怕的操控，才能真正互相瞭解。

眞正的親密源自於內心的自由

　　當眞正的親密開始產生時，我們會發現原來那個糾纏在關係裡的親密是一種幻象，唯有當人擁有內心的自由後，再進一步地去與人互動，眞正的瞭解才會發生。因爲不需要去改變彼此，所以對方不會覺得有壓力，也就不會覺得有束縛。

　　以夫妻關係來說，有些夫妻在中年以後，是分床睡的，他們有時會覺得好像這樣子不太對、不正常，於是偷偷地跟我說，我沒有跟我先生睡一張床耶。我便說這很正常，因爲很多西方的夫妻，從一開始時就是分床睡的，所以不要覺得不正常，只要不妨礙親密關係，不論是兩張床或分房都沒有什麼不對。

　　人常常被自己的一些觀念給綁住了，我也會告訴那些夫妻一個有關於英國人做的有趣研究，他們研究一些所謂幸福美滿、白頭偕老的夫妻，調查他們的生活狀況，發現幸福美滿白頭偕老的夫妻，大概百分之九十在中年以後全部都是分床、分房，因爲這樣睡眠品質才會好，也比較有自己獨立的空間。

　　這意味著這些人能持續婚姻這麼久，表示這種關係是他覺得珍惜的，所以從這個角度來看人類的性行

為時，更發現其實是生物性大於社會人文性。這個研究告訴我們的結果是，其實很多人在分床分房之後，他們的親密關係反而更好，瞭解的空間變大，那時才能產生真正的瞭解。

美國文化對於親密關係的研究，就是將親密跟性行為畫上等號。後來因為英國的研究結果，美國心理學界出現了小小的革命，終於，在把親密跟性行為的等號拿掉以後，美國的心理學界開始對於人跟人之間心理上以及心靈上的親密，進入到真正的研究階段。

真正擁有自己，享自由

當我們開始真正進入到尋找自己形體上、心理上、心靈上的自由時，在這樣的追尋中，我們需要學習的是很基本的——如何當一個人？我們首先可以看到自己的生物性，就是我們的有限性；再來要看到自己對於那個完美的執著，那也是社會文化賦予我們對於完美的執著；接著，要再看到自己在那個完美的執著裡，自己真正根深柢固對愛的追求與渴望，希望是無條件的。

所以，愛的極致其實是一份自由，當我們看到這樣的過程時，再開始對自己做一些轉化、修行，看見

自己的渴望，然後轉化它，例如學佛的人用佛法，如
果喜歡禪修便用禪修的方法，可以一關一關地發現，
原來自己有這麼多的有限性，然後一步一步地學著把
它放下來。

慢慢地，我們就會走到由自己來照顧自己最柔軟
且隱密，然後又讓人陶醉的部分，那種真正擁有自己
的充實感。當自己能夠體驗時，在日常生活當中，回
到親密關係、人際關係裡時，就不會想去綁住人家，
因為不給自己束縛就不會去給他人束縛，此時人跟人
之間真正的親密才會開始發生。所以，一個圓滿知足
的人，其實是自己覺得圓滿，別人也覺得他是圓滿知
足的。

04

逃避與放下

我們到底在逃避什麼？

人們對「親密」有無止盡的渴求，在追求的過程中，常常會發生「逃避」的現象，但卻又不清楚自己到底在逃避什麼？自己又需要放下什麼？此外，「逃避」與「放下」又和親密有什麼關聯呢？

要瞭解其中的關聯性，先要對「逃避」與「放下」這兩個概念有所知悉。「逃避」與「放下」，是人們常要面臨的狀況，前者常讓人不自知，甚至否認；後者則是會被誤認放棄。對我而言，自己常常在這兩個概念裡掙扎，看見這種掙扎其實是一個很重要的動力，可以將自己推往另一個境界，讓自己試著做自己的主人，使自己有所成長。

可是，我也面臨到一個困難，有時當人們請教我

一些問題，我沒有辦法直接了當地指出他是在「逃避」，這也讓我思考：到底為什麼會發生這個困難，所以也開始對這個議題產生興趣。

後來，自己得到一個結論，很多人在人生的路程中面臨困難時，因為缺少了自我思考，缺少思考「自己在逃避什麼」，所以無法面對問題。「逃避與放下」雖然耳熟能詳，可是我們是要用顯微鏡看一看，這到底是怎麼一回事。

人們從什麼時候開始發現「逃避」這一件事情呢？時間點是因人而異的，先從我個人的故事說起。大概在我念高中時，就曾有一點模模糊糊的概念，意識到自己好像在逃避什麼。那種模糊感覺是什麼？對曾參加大學聯考的人而言，都會認為是想要逃避聯考的壓力。

安於現狀，掩飾逃避

我的父親是一個思想非常開通的人，常常有很多出人意料的想法，我記得他當時很想讓我去國外接受更好的教育，但這並不是表示我可以逃避大學聯考，只是認為我應當有不一樣的視野。可是，那時候覺得這是不可能的，因為家裡根本沒有人在國外念書，何

況那個年代還不流行出國念大學。而且，在家裡的日子多麼好過，爲什麼要自討苦吃，負笈異鄉？

然而，我父親就是覺得我的個性應該到國外去念大學，當時我不但把他的話當耳邊風，還產生了一種納悶的情緒，不瞭解他爲什麼要我去國外念書，心裡還產生一點抗拒。幸好我父親從來不強迫人，所以他提一提這個建議，看我沒什麼反應，也就算了。

之後，父親總是不經意的提醒我，一直到我都念大二了，他還在提這件事，理由也始終如一，他覺得我可以更有長進。可是對當時的我來說，考上社會學系，簡直是件再快樂不過的事，因爲系裡的學風還算自由，人人都可以順利畢業，我心裡暗自偷偷地高興，所以始終沒有認眞的考慮過這個建議。

當時我並不認爲自己是在逃避，只是有個疑問開始在心裡浮現：難道大學四年眞的要這樣混過去嗎？可是往往又被自己用一堆很冠冕堂皇的理由掩蓋過去，譬如：教學的內容不吸引我，課堂上教的東西沒有用等等。理由總是在別人身上，我，則是無辜地混著。

那段日子我很快樂地過著，雖然有時心裡會有一點疑惑，不只是對父親所提建議的疑惑，還包括我要

如何過日子的疑惑。我也對教室裡的學習感到不滿意，發現不是什麼事都可以在教室裡學到。因此，我開始跑圖書館，可是圖書館裡一大堆的書，後來我發現看書皮的時間比看內容的時間要多。

生命疑問不斷冒出

不過，那時養成我一個至今還自認爲很好的習慣。因爲學校的功課還算輕鬆，所以我養成一個很莫名其妙的嗜好，就是從老新莊坐公車到台北市的西門町。那時候的西門町和現在的東區一樣熱鬧，又鄰近重慶南路的書店，是個人文薈萃之地，所有新鮮的事物與人，都會在那兒聚集。爲何說我這個嗜好「莫名其妙」？就是因爲我喜歡自己一個人逛街，到處走走，看看櫥窗，或站在街頭看看人，然後還會停下來東想西想。

有時，從櫥窗裡面看到自己的反射，會問自己爲什麼會出現在西門町的鬧區裡，走啊，逛啊，看啊，這些疑問不斷地冒出來，可是就想不出一個所以然來，答案好像也不那麼重要。

事後回想，我發現在大學的四年裡充滿了這一類的疑問，即使是在圖書館裡看書皮時，我也會懷疑這

些作者為什麼要寫這些東西？這裡已經有如此多的書看不完，父親為什麼還叫我到國外念書？走在街上看人來人往，我就會想，這些人走來走去，他們在忙些什麼呢？他們心裡在想什麼？在櫥窗裡面看到自己的身影時，我也會反問自己為什麼要來西門町？就這樣子一路的問，而且也自問自答，有一天腦袋裡突然迸出一個問題：我在逃避什麼？

當這個疑問冒出來時，我自己嚇了一跳。那時我還沒有宗教信仰，不過因為我讀的學校是天主教學校，宿舍裡本來就有教堂，我最喜歡做的一件事情，就是當別人上課而我沒課時，自己一個人跑到教堂，坐在那裡盯著耶穌像發呆，盯著聖母像發呆，享受那份寧靜。

那時雖有很多的疑問冒出來，卻也不求答案，因為從來就沒有得到答案過。當疑問開始出現時，我發現自己其實也逃避答案，可是又止不住不斷冒出來的疑問，這樣一路地反覆下來。當「我在逃避什麼？」這個聲音愈來愈大時，我開始真心地問自己：「我到底在幹嘛？」從那時開始，我便慢慢養成一個習慣，常常想自己在做什麼。

後來，陸陸續續學到很多的理論，也因為工作和

教學的因緣，於是，漸漸看到自己在做什麼，也瞭解到別人為什麼會這個樣子。在我的學習過程當中，有些疑問的輪廓慢慢地清楚起來，這份清楚的感覺，讓我覺得生活好像愈來愈清明。

認清虛假，看清逃避

而社會學者則認為人活著，為了適應環境，必會接受社會化的過程，所以，社會化會帶來虛假。有些心理學派認為人在成長的階段中，為了自我保護，不自覺地就陷入虛假的狀態，當時我覺得非常困惑，為什麼心理學家會這樣看待人？心理學家不是應該要正面鼓勵人好好活下去的嗎？但他們把人生存的現象一個一個揭開，並說明人為了生存，不自覺地活在虛假與操弄當中。

這些理論的矛盾，反而讓我得到豁然開朗的機會，我開始把自己的經驗和觀察結合起來，包括我在逃避什麼，然後看到自己的行為舉止，是如何在虛假與社會化之間取得平衡，也看到自己內心的起伏。有趣的是，當我不需要虛假和操弄時，心是安定的，當我需要在外界裝成某種樣子時，心裡其實是不安的。於是，我的疑問又冒出來了：人，為什麼要逃避自己

眞實的狀態呢？爲什麼我們常會以假當眞，故弄玄虛，讓人猜不透呢？又爲什麼人們會在虛假當中死命地堅持，一定要得到什麼呢？這些疑問都導向一個疑問：生命究竟是虛構的？還是本質地存在？

這些疑問是我生命中的貴人，它們讓我檢查「自己在逃避」這個事實，讓我裡裡外外反覆核對，也在自我省思和自我對話的過程中，接受這些心理學家的說法，人眞的是活在一片虛假當中，那個「虛假」也就是我們爲什麼要逃避的原因。

多年以後，當我讀到「顚倒夢想」時，眞是拍案叫絕。因爲，人果然以假爲眞，而且爲了保有虛假，而產生種種身心反應，建立存活的意義，甚而在自己建構起來的意義上，再去開創，而整個世界就在這樣的規則下循環不已，久而久之，社會化歷程就成爲人們自以爲是的生存眞象，所有的喜怒哀樂都在其中翻騰。至此，不禁要問：那個在紅塵中翻騰的人，是我嗎？我是不是有機會眞正明白「我」是什麼？

人從小就在學習逃避

人的逃避是不自覺地，也是被形塑的。當我們還是孩子時，大人們總會教孩子見到長輩要打招呼，縱使是一大堆不認識的人，還是非要打招呼不可。孩子連這個人是誰根本搞不清楚，就被大人逼著要打招呼，孩子被強迫按照成人的規則來和這個世界產生連結，可是這個連結的方式卻是他不明所以的。於是，他學著從「順從」裡換取好孩子的評價。

為什麼要做好孩子？因為「好孩子」與「會被人愛」畫上了等號，所以在好孩子和被愛這兩個大帽子之下，他會去做一些在那個年齡層不一定會去做的事情，從教育學來講，這就是規矩、規範。由家庭的角色來看，這就是家教，有家教的孩子，是被稱許、被

肯定的。爲了這些酬賞，孩子放棄了自己眞實的感受，那可能是心中的慌亂、害羞和不知所措。

我們爲什麼從小訓練我們的孩子？其實是爲了他的生存，因爲我們從經驗當中學會，這樣的生存之道是有利的，這就是社會化的歷程。

討好，對自己有利

有一年我擔任導師，那一班學生非常的桀驁不馴，跟其他老師之間幾乎都有一點小小的摩擦，那些老師們便來向我抱怨。後來我在開班會時，試著與他們溝通講道理，拜託他們不要這樣，因爲學生跟老師關係不好，吃虧的一定是學生這一方，我要他們認清這個事實，其實討好老師並不會有什麼損失啊！

當時學生們瞪大眼睛看著我，似乎覺得導師怎麼講這種話！所以我便向他們解釋：「這是事實，因爲在學校的體制下，老師跟學生的權力結構就是這樣。學生到學校來的目的是爲了學習，而不是把力氣花在跟老師對抗，不如權變一下，只要禮貌好一點，討好老師一點。例如上課時給老師端杯水，下課時跟老師說聲謝謝，這樣一來，老師心裡高興，就會把他箱底功夫都傳授給大家，那是誰賺到了呢？」這是在教學

生如何「向上管理」，也是一種操控。果然，到他們畢業時，有幾個學生說：「某某老師其實並沒有那麼討厭！」

其實，人之所以會逃避，是因為我們常在不自覺的過程中，被迫接受社會化，沒有自己的思考與意願，我們只是依樣畫葫蘆地照著做，偶爾有真實的感受冒出來，因為不明究裡，於是就在社會化過程中，逃避自己的沒有意願，逃避自己的沒有聲音，所以連自己在逃避都不知道。

為了生存，而產生這樣的虛假，其實並不為過。只是，這過程中，誤以虛假為真，誤以操控為真，於是更內在的真實感受反而迷失了。

特殊的行為，其實在逃避

可是，要到何時我們才會接觸自己的真實感受呢？比較明顯的是進入少年階段。有時候我們看身邊的青少年，覺得他們簡直就像是「群魔亂舞」！如果有機會在週末晚上到東區去逛一逛，將會發現自己好像身處在另外一個時空，跟身邊的這些年輕人，像是活在截然不同的兩個世界裡。為什麼年輕人的世界裡，會有這麼多的不一致呢？而同我一般的中年人世

界，難道是對現實妥協了之後所出現的無奈一致。

大約在十年前，當時還沒有太多人染頭髮，只有頭髮白了的人，才會去把頭髮染黑，不像現在的孩子，染頭髮已經是司空見慣的事。當時我的學生之中有一位染了頭髮，而且是挑染，男生的頭髮挑染成不一樣的顏色，便顯得很特殊。他的頭上大概至少有三種以上的顏色，他不但花了不少錢，最重要的是他的髮型很奇怪，有一整片頭髮從前面披下來，讓人想起漫畫裡的怪醫黑傑克，他的頭髮一頭披下來，一條一條不同顏色，走在校園裡真是跩得不得了！

我也常會多看他兩眼，尤其是在教室裡，一眼便能很清楚地看見他的頭髮。有一次，他在課堂上問我：「老師，對於現在年輕人染頭髮有什麼看法？」他雖是很閒聊似地問，但是我直接了當地反問：「你是不是希望我對你的頭髮有一點回應？」他顯得有點不太好意思。其實，這是我們常常在逃避的狀態下，想出來拐彎抹角的策略。

我接著問他：「要聽真話，還是聽假話？」他回答：「當然要聽真話。」於是我便誠實地告訴他我的解讀，我認為他不但是在逃避與別人接觸，也在逃避與自己接觸。這樣的回答讓人聽起來很刺耳，可是一

講完他們全班同學都笑了，然後我向他們解釋，其實這位同學只是一個代表而已，他把頭髮染成這麼多的顏色，不外乎是很希望別人看到他，這是要引人注意的方法之一。

但是他前面的那一撮頭髮，又透露出一個更重要的訊息──把自己的臉遮了一半，不是羞於見人就是怕別人看見。其實那是一種很矛盾的狀態，既希望引起人家注意，可是又怕別人看見，所以就決定躲在頭髮後面，以為自己是安全的，認為可以窺視別人，別人卻沒辦法窺視他。

他的髮型透露了他的矛盾與掙扎，更透露了他的逃避，不過，他逃避的方式還挺有創意的。

承認逃避，反而輕鬆

那位學生從頭到尾沒有再回答任何一句話，然後我們就把這個話題岔開了。結果那個學生缺席了兩三個禮拜的課，等他再出現時，頭髮剪掉了，理了個平頭，我發現那個學生長得還不錯。便跟他開玩笑：「染那一頭頭髮很貴的，怎麼捨得剪掉！」

後來他告訴我，其實那天上課之後，他過得很痛苦，原因是他一直問自己：「我真的是這樣嗎？」然

後在那兩三個禮拜中，他把一本日記都寫完了，寫完了以後，他做了一個決定，就是把頭髮剪掉。我追問他剪完頭髮的感覺如何，他說覺得好輕鬆！輕鬆從哪兒來？不是因為頭髮沒有重量了，而是心裡感到輕鬆。藉由寫日記，他把所有曾經想逃避的事全部都寫出來了，寫完後頓時發現，雖然矛盾的事仍然矛盾，掙扎的事仍然掙扎，然而面對好像比較輕鬆，逃避反而很累。

小時候，我們學會追求「好」，來切入這生存世界；接著，我們學會追求「美」，來展現自己。殊不知，追求美好，如果失了「真」，所有的不美不好，反而欲蓋彌彰，因為「真」從來就存在著，只看我們是否願意真誠面對。所以當我們逃避「真」的時候，美好也成了虛假。

為什麼我們要避真就假呢？因為真實當中，有我們深沉的徬徨，有我們無依的恐懼，也有我們無盡的貪婪，在在都告訴我們生存的不完美，這和我們大部分人認定一生中應追求的正好背道而馳，所以，逃避就成為必然的宿命。

親密產生的迷霧

人終其一生都在追求自己的親密感，為什麼？因為親密裡有我們活著非常重要的價值和元素——愛與被愛。而人生在追求一生的美好的同時，愛與被愛的滿足，是非常重要的酬賞之一。

但是我們又常問這是真愛嗎？於是我們抓住各式各樣的線索來肯定這就是愛，也肯定自己被愛。所以當有人送花，送禮物時，我們認為那就是被愛。我們沒有能力真的去感受，沒有能力去覺察，只能藉著一些外在的事物來告訴自己：我擁有這些，所以我擁有愛，我也能夠去愛。

在我們追求親密的過程中，也因為性的介入，讓我們對於人與人之間真正的感受——愛與被愛，變得

很模糊。因為性行為讓人與人之間的界限變得模糊，自我認同感的變化衍生出控制、嫉妒、背叛、信任等課題。於是自然而然的，我們會問「親密」的追求，到底是眞？是假？人在找尋或者肯定「我是否眞的被愛？」或是「我是否眞的愛這個人？」的問題上，費盡心思。

　　親密，看似一團迷霧的原因，起源於我們很少有機會眞正地回頭去疑惑自己，問問自己在逃避什麼？於是，所有的外顯行為皆成為衡量親密的標準。親密，成為緊抓不放的桎梏，而不是眞摯的分享和自在的對待。事實上，人在自以為是的親密中，逃避眞誠的面對和自我眞心的慈悲。

　　為什麼眞誠的面對是這麼的困難？因為，人在面對自己的時候，都逃得駕輕就熟，更何況是面對另一個人。然而，我們逃到哪兒去呢？逃到各種角色扮演當中，只要把角色扮演好，其中有沒有眞實的人味，就顯得不重要了。所以，角色也常常是一種面具。夫妻、父母、師生……等等都是角色，角色讓我們維繫住所有的社會關係，但其中是否有親近的滿足感呢？這是很值得我們去細問自己的。這也是我們進入中年時，常會自己問自己的。

中年，充滿生命疑問

當我們的生命進入充滿成熟的階段，人生角色開始增加，可能要結婚、工作、養小孩、奉養父母等等；很多人是在這樣的狀態下出現疑惑的，因為感受到苦。由於種種角色積壓下來所產生的壓力，讓我們的體力、心力各方面都負荷不了時，那種苦的感覺，一方面讓我們透不過氣來，一方面我們會開始問自己：「我做這些事情到底為了什麼？」很多人也在這樣的壓力下，開始回頭想自己，回頭看自己。

可是，我們才想著、看著沒有多久，便進入了中年，所以有的人會說中年危機最可怕。如果以成人發展的理論而言，不管男性或女性，會出現「我為什麼要這麼做？我到底是個什麼樣的人？」的疑問，大概是在三十五歲左右，因為三十五歲時所承受的壓力是在高峰狀態，所以疑問便開始冒出來。

當心中疑問冒出來時，有些人會發現這些好像都不是他真正要的，那時，虛假的感覺就會浮現出來。

其實，就算我們體會到這些現象的虛假，還是會面臨一個疑問：「我到底要給這些事物怎樣的定位？虛假的現象難道就要全盤否定嗎？」所以，三十五歲

這個中年前期的疑問：「我這樣做，到底是要肯定它呢？還是要否定它？」而事實上，想要肯定的是自己的付出是否有價值，是否被人所認可，更進一步，想要確認努力付出是否真的換取到了「愛」與「被愛」。

然而，這個過程中，無法確認的主客觀因素還真多，於是這樣的自我懷疑，有時就又回到了以外顯事物來肯定自我的模式裡。例如某個人事業有成或是家庭幸福，就會比較容易回頭來肯定自己過往的付出，因為人比較容易從看得見的成果來肯定自己。

這是一個舊有的模式，我們還是從過往那種不停地追求成果，順應整個社會所加諸在我們身上種種的規則裡，來幫助我們給自己一個定位，大多數人仍然會在這樣子的一個框架裡頭，一路到老年。由某個層面來看，這樣的追求即使心中有些「虛」的感覺，也就差強人意的度過一生，所以，即使「虛假」也無妨，因為，人生畢竟是由自己來定義和解讀的。

但是，中年的這些疑問，其實也是追尋生命意義的轉折點，如果這些疑問促使我們去落實自己的定位和意義時，虛假才會浮出檯面，逃避才會成為議題，放下也才有可能。所以，當逃避成為議題的時候，

人，開始與自己靠近，用自己的柔軟去面對在外游蕩已久的心，虛假不再可惡，眞實不再可怕，讓自己的心，有回家的感覺，那是一個領略到愛自己的過程。

跳不開視框，卡住生命

就那位染髮學生的例子，當他披著一頭像怪醫黑傑克樣子的頭髮時，他是活在自己視框裡的，他認爲這樣很炫，認爲這是他的眞實狀況，可是他看不見他心裡所隱含的矛盾──想要被人家看見，可是又怕被人家看見的矛盾。他帶著這個矛盾過日子卻看不見，或逃避去看這個矛盾。我想我的解讀太直接了當了，迫使他不得不去好好看看自己。

這位學生在兩、三個禮拜中寫完了厚厚一本日記，是一個轉捩點，雖然我沒有看到他的日記，但可以想像，他是如何勇敢地去面對自己內心深處的掙扎與矛盾，又是如何地在自己心裡，爲這些矛盾和掙扎劃上逗點或句號。在這個過程中，心，必然是痛的，但也是柔軟無比的，因此才能承受，才能觀照；之後，他才能享有清楚、輕鬆和清爽。

這種情形就像是一隻螞蟻在桌面上爬，牠看不見桌面，以爲世界就是這麼大，理所當然的認爲這就是

世界。如果我不是一隻螞蟻，而是一隻飛蛾，我可以
飛離桌面，看到整個桌面，還可以看到一隻螞蟻在
爬。如果我們沒辦法跳開自己的視框，看見自己的視
框時，生命就卡在那裡，這時想要放下，簡直就是天
方夜譚。然而，在重重的虛假當中，放下，也會隨著
視框的大小、深淺而產生許多不同層次的效果，而生
命的真實，就在這層層放下的過程中顯露出來。

現代人愈來愈害怕結婚，也愈來愈不敢生小孩，
卻從來沒有停止對追求親密的渴望，其中的關鍵，在
於人們都害怕面對真實而陷落在虛假的追逐中。因
此，現代人的親密就猶如浮萍一般，不必有責任與承
諾感，合則聚，不合則散。即便是這樣的關係，人們
在付出時，其實並未減少，因為當「愛」的時候，任
誰都是全力以赴的。如果這時知道自己的付出，是在
這一個「虛假」視框裡的付出，那時付出會變得更有
效。因為你知道自己為什麼愛這個人，為什麼願意為
他付出，於是可以不計後果承擔愛的責任。

所以，無私的愛，不是不可能，而是必須在過程
中學習到如何放下自己的害怕。放下自以為是的期
待，放下自以為是的視框，看見自己的真心，看見自
己的願意付出，那麼付出成為一種感受，一種以對方

為中心，而又休戚與共的感受，親密自然就存在了。

接納，承接與容納

　　放下，其實是一種接納，接納自己的矛盾、掙扎、害怕，也接納自己的狹隘、自我中心。尤其，我們把「接納」兩字拆開來看時，是「承接」和「容納」，所以是一個人以內外一致的心態去承接自己、容納自己。事情、現象可以存在著矛盾、衝突，但在心態上不和自己對立，也不和這些讓自己過不去的事過不去。心的平和、自在也就出現了，所以，接納和放下是一體的兩面。

　　然而，當我們在逃避的過程中，終於面對虛假時，接納是很困難的。其中可能伴隨著憤怒、懷疑、哀傷、失落，因為原有的目標，可能不再具有意義，甚至可能在這過程中受了傷。這種種的情緒反應，好像成為我們要跳開視框的絆腳石。事實上，如果我們善於觀照自己，這些情緒反應正是我們要進一步接納和探索自己視框的素材，就這樣，我們一步一步地靠近自己的真心，其中可能來來回回，可能走兩步、退三步，也可能走三步、退兩步，人生的意義就在這過程中開展出來。

　　這過程就像桌面上行走的螞蟻，牠覺得這是一片很廣闊的世界，對牠來講，仍然有意義；假如換作是一隻飛蛾，從牠的視框所看到的世界，原來是一張桌子，也看見螞蟻始終沒有離開桌子；可是這隻飛蛾也沒看見有人在看牠。當人在看這隻飛蛾時，人看到的是這一個空間裡面的飛蛾，也看見在桌面上在爬行的螞蟻，這就是視框的不同所造成不同的認知。

　　而當我們站在後者的視框時，接納了前者的視框，也放下了前者的視框。就像如果螞蟻能飛了，牠會看見生活中的那個世界，原來只是一個小小的地方；飛蛾如果能站到人的位置來看這個世界，牠就會發現自己原來也是人看到的一個點而已，所以原來看到的東西就變成不真實，而且不完整了。

　　所以，在虛假的層次中，如果自己不跳開來，便看不見它的虛假，也就會以假亂真。

轉化，從逃避到放下

在教學的過程中，有時我會讓學生去回顧自己的生命歷程。當他們用一些心理學的架構去看待自己的生命歷程時，很多學生開始恐慌——原來自己是這樣在過日子、原來自己是這樣的一個人、原來自己沒有想像中的可愛……。發現那麼多「原來」的過程中，因為這些負面情緒的關係，我們不容易從螞蟻的位置跳到飛蛾，也不容易從飛蛾的位置跳到人的位置。也就是說，看待這個世界的視框不容易改變。

心理學認為，人們如果能夠從飛蛾的位置看到螞蟻的位置，就可以幫助人們看到心裡害怕、恐慌的狀態，而且也看到人們在害怕什麼、恐慌什麼。這也是為什麼在我接觸佛法、禪修以後，會開始嘗試在心理

學的領域裡，將佛法的概念跟心理治療連結起來。

放下，是為了提昇生命

　　人活在負面的情緒和心理狀態的同時，事實上，這些過程也可以幫助我們看到自己的付出，看到自己過去在螞蟻的位置上所做的努力，也看到自己如何在形塑自己的過程中，所出現的負面狀態，當我們看到這些東西時，就已經站到了飛蛾的位置。

　　佛法，讓我們看到了人的位置，從人的角度看到飛蛾、看到螞蟻，於是有一個更寬廣、更超越的視框來看待生命現象。當人可以建構起這樣的視框，就比較容易放下。

　　心理學常教導人怎樣去處理情緒，教導人怎樣去幫助自己離開目前的困境，雖有各式各樣的方法，可是仍然停留在這一個空間裡。這樣的一個空間，對某些人而言可能夠用了，可是對生命意義有更極致的追求者而言，卻需要以這個空間為基礎，繼續提昇生命視野。

　　所以，從逃避到放下，是一個層次、一個層次慢慢走上來，這情形有一點像火箭升空時，走過一個階段，燃料用完了，要把它丟掉，才能夠繼續往上走；

繼續往上走，又丟掉一些燃料，放下一些東西。這是
一連串的轉化過程。

當人願意活在面對逃避的日子裡，就會在逃避中
看見自己的混亂。然後，從混亂裡找出一個超越的視
框來看待自己，這個尋找、整理的歷程，是轉化。當
視框清楚地發揮功能時，這時候已經超越出來，可以
把原來的東西丟掉了。這時再繼續往前看，生命就會
變成一連串的超越和轉化的歷程。

接受自己，才能轉化

超越跟轉化有何不同？「轉化」在心理學上較常
用，而「超越」則常用於修行上。

「轉化」是幫助一個人如何處在螞蟻的層次裡，
認識他的喜怒哀樂，知道如何應對整個社會生活，如
何跟人之間來往，然後建立人與人之間的親密。在這
個歷程裡一點一滴地走出來，因為是用走的，所以一
步一腳印清清楚楚的。譬如，當我為大二學生上心理
衛生課時，我讓學生試著看到自己原來是怎樣在過日
子的，也就是說，試著不再逃避，面對自己。此時有
些人開始出現恐慌，難道要這樣否定自己的過去嗎？
其實，否定本身就是逃避，接納才是面對，所以，有

勇氣的人會面對，沒勇氣的人就逃掉了。

因此，有勇氣的人便會更看清楚自己，看看能不能看得更明白，但往往明白到某一個程度時，就會出現一個關卡，那個關卡就是能不能夠接受，甚至欣然接納，接納發現自己是「這樣一個人」的事實。

人們都願意從一個比較正向的角度來接受自己，比較無法接受自己活在矛盾、衝突中，也比較難接受自己是不夠好，或自己骨子裡還是有一些想要使壞的因子存在。我們在自我的形象裡常常期待自己像個聖人，就自以為自己是個聖人，事實上這也是逃避的狀態。

當我們一路發現自己這些負面的心理現象時，有的人選擇逃走，不承認，然後又重新回到原來的路上繼續走，他們選擇了虛假。那些有勇氣的人選擇一路看下去，開始接納自己真的沒有想像的那麼好，這時候，過去否定的東西就開始慢慢浮現出來，然後一個、一個地接納，並且發現原來不能接納的負面東西也開始轉變了。

例如，一個嫌自己胖的人，因為自己無法面對，所以心中暗暗討厭自己的胖，更討厭別人說自己胖，別人為了不惹他生氣，弄壞彼此關係，也就閉口不談

這些，人與人之間的隔閡於是就出現了。但是，如果一個人對自己的胖，雖然無奈，卻也接納，此時面對周遭的人自然坦然，甚至可以自嘲自己是「肉鬆」，人與人之間相處，就容易親近了。此時，肥胖只是有礙健康罷了。

所以轉化的歷程是緩慢的，是我們不停地和自己做功課的歷程中，讓那份接納慢慢出現，當接納開始出現時，會發現原來在意的那些矛盾、衝突、痛苦轉變了。當人不敢面對自己時，那些被漠視的東西永遠不會變，如果不去理它、不去看它，就永遠不會改變；如果開始去理它、去面對它、去看它，它便會改變，然後慢慢地改變到可以接納的狀態。

有人更高明，不單是接納它，還悅納它，因為在轉化歷程中，反反覆覆地思索之間，發現「眼中釘」對自己竟然有正面的意義，心裡很高興地接受了，把接受的東西轉變成可以用的東西、變成自己的能力，這是心靈上的資源回收，也是生命視野的開展。由逆境中走過來的人，由內在衝突走到心靈安定，都必然有過這樣的經驗，進而以不同的角度來詮釋自己的生命意義。

在這樣一個接納的歷程當中，我們慢慢地站在更

高的位置，看見原來自己以前所認知的世界是這個模樣，在接納的那一刹那，這個世界就像火箭放下用完的燃料箱一樣。所以「放下」與「放棄」是不一樣的，大多數的人選擇放棄，放棄是一種逃避。如果你可以把不願意面對的東西拿來當作一個材料，然後再去用它，當用到某一個程度時，原來對它的認知就真的放下了，這才叫「放下」。從逃避到放下的這一個過程，我們稱之為「轉化」。

超越，驟然的改變

什麼叫「超越」呢？心理學所講的超越，是一個人驟然的改變，驟然就是極快速的改變。靈性的超越是常見的，例如，開悟是頓然發生的，所以，它也是超越的一種。我們不能夠預期超越這件事情，因為不知道它什麼時候會發生，它也可能終其一生都不會發生。

其實超越本身有可能是一個更大的逃避，這是需要自我檢視的，就是當自認為自己放下，自認為自己超越時，有的人採取的方法就是驟然的切斷，不論對於事情或對於關係，很多的人並不是突然間放掉了或放下了，而是在面臨巨大痛苦時，心理上的一種自我

保護機制下，驟然的切斷、斬斷、否定，那其實是一種防衛機轉，切斷了身心的負荷，而自以爲在靈性上獲得解放。這一類的超越是短暫的，因爲人之所以爲人，還是有人的限制，一個靈性有所超越的人，終究還是要面對身心的安定與平衡。否則這些身心的負荷，到頭來還是啃蝕著靈性的發展，有時甚至會變成一種精神疾病。

這種自我保護的機制，也在日常生活中可以見到。舉一個常見的例子，有的年輕人談戀愛談得轟轟烈烈，一旦感情生變，一方承受不了那份被拋棄或被背叛的痛苦，於是開始對那一份關係斷然的否定，覺得自己從來沒愛過這個人，或是趕快換一個男朋友或女朋友。

又例如有的人小時候家庭生活非常的辛苦，因爲自己年幼，說不出那種苦，所以從小到大心裡就存著一個念頭，只要有一天有能力，絕對不要再在這個家待下去，興起了從家裡逃掉的念頭。當他有能力逃掉，斬斷關係，不再跟家人產生任何連結時，他得到表面上的平靜。

這些都是斬斷的經驗，這種經驗其實對一個人是一種很大的痛苦。尤其台灣這幾年災難不斷，有很多

生離死別的災難事件發生，在這些災難的過程中，每個人的反應不同，有些人很無奈的採取了斬斷的方式來面對自己的痛苦，好像很快地就跳到一個適應良好的局面，那不是超越，而有可能是更大的逃避。

轉化與超越並進

如果我們真的要在現在的空間裡過得安穩、心安理得，轉化跟超越這兩件事情是同時並行的。用一步一腳印轉化的方式，來讓自己看見自己的生活世界是什麼樣的風貌，當我們可以從這裡面慢慢地走出來，可以面對虛假的狀態，就可以繼續往下一步一腳印的走，就算不能開悟，生命中的超越還是隨處可見。例如，對某些心結的豁然開朗，對某些事物在驚奇中發現意義，在某些關係中經驗的深刻共鳴……。

其實，人人都有他的逃避，可是人人也都有放下的機會。人在逃避的過程當中，一層又一層地去面對自己，然後一層又一層地放下自己，在這一個轉化歷程中，大大小小的超越就會發生。如此的歷程即是一個人格成長成熟的歷程，也是人品提昇的歷程。

如果我們希望生命的價值能夠不停地往深刻處發展，這條路是沒辦法逃避的。所以，這幾年我常常鼓

勵人們參加修行活動，因為心理學在我們的文化裡是
舶來品，而在我們自己的社會文化脈絡裡，內在世界
的探索是一種人文取向的自我期許。因此面對自己的
存在，就成為修身養性的自我要求，而這種自我要求
又常落於倫理道德上的批判，這個包袱其實是很沉重
的。這個沉重，不是讓我們落於孤單，就是落於一無
是處，對現代人而言，要從孤單中轉化為親密，要從
一無是處中放下，找到安身立命的意義所在，真的只
有在不斷地變動中面對自己，觀看自己，一步一腳印
地修正自己的言行。所有的理論，都只是反思自己的
參考架構，轉化和超越是方法，也是歷程，心自然會
走到明白之處。

05

在關係中成長

逃不掉的關係

每個人在生活中同時扮演著多重角色，可能是伴侶、親子、同事、朋友……，當然還有「自己」。在角色扮演的過程中，我們追求肯定與認同；同時，也在捕捉存在的意義。在這個過程中，每個人都想變得更完美，所以在關係的互動中就會產生一些情緒和衝突。如何從關係的互動中成長，以及如何面對我們的情緒轉折與衝突，這是人生一大課題。

其實在人與人的關係互動中，每個人都會發展出一套屬於自己的方法和邏輯。以我個人而言，因為本身的專業與工作都是和人有「關係」，所以對這樣的課題很注重。尤其在自己有了宗教信仰後，發現又多了一個解讀的方式，再與我過去的經驗結合在一起，

對「關係」又另有一番體悟與成長，於是變成自己的一套方法和邏輯。

首先，我們必須瞭解人只要活在世上一天，「關係」跟「活在關係裡」就是無法逃避的。從一生出開始，就註定為人子女，而且我們也無法決定自己的性別，一旦有性別就產生了關係，構成父子、父女或是母子、母女的關係，相對地，父母對我們的關係亦同。即便是出家的法師，也許他們可以免去親屬關係，但依然擺脫不了「關係」，例如師徒、師兄弟關係、居士與法師關係。所以，人即使可以逃離社會、離群索居，卻逃不掉「天生的關係」和「活在關係裡」。

隱藏感覺才不會受傷

關係，讓人喜也讓人苦，人可以感受到關係帶來的親密、信任與肯定，但痛苦也常伴隨著關係發生，因為在關係裡，存在著衝突、對立、矛盾、不知所措，甚至是「恐懼」。為何會恐懼？因為害怕失去！當我們很自然地形成或發展一段關係後，如果這關係讓人快樂，我們便會恐懼失去；相反地，當關係讓人感到痛苦，卻又擺脫不了時，害怕、恐懼的情緒便也

潛藏其中。

例如有個人跟我們糾纏一輩子，讓我們痛苦不堪，最後雖然他往生了，有形的關係終於解除，可是我們的痛苦依舊，因爲人還會活在回憶裡，無形中繼續感到痛苦。既然人擺脫不了關係，而且我們也想從關係中獲得親密，想要在關係中遊刃有餘，那我們就更應該要瞭解關係中所傳遞出的意義，從關係中出發，獲得成長、滿足的關係。

瞭解關係應先追本溯源，從「情緒」下手，才可能眞正洞悉關係互動時的意義。試著回想曾經有過的強烈感覺，不管是喜、樂、悲、苦或憤怒。其實，感覺跟情緒是一體的，可是我們的社會對「感覺」並不重視，甚至從未被正式承認、被接納，因此我們不懂得如何正確地面對、處理情緒。

學校教育也往往忽略「感覺」，更遑論教導人們如何處理情緒和感覺。而在家裡，也很少重視「感覺」這回事，就以自身經驗來說，我女兒小時候說她心情不好，我先生就會說：小孩子吃飽了也睡足了，又不用擔心什麼事，怎麼還會有什麼心情不好？其實，就算是寵物，牠們也會有感情和情緒。

不僅我們自己忽略感覺，整個大環境也不鼓勵

「感覺」，甚至有時還必須去否定它。小孩子哭鬧時，會說他「孩子氣」，對於一些高興時笑，難過時哭的大人，我們可能會說他「幼稚」。只因為他們誠實表現出情緒，不懂得隱藏，讓社會化已深的人不習慣，只好說他們幼稚，以凸顯自己的成熟、穩重、不情緒化。

情緒，強烈的感覺

整個社會教育告訴我們，當我們與人互動時，最好喜怒不形於色，把自己的感覺隱藏起來，除了符合所謂識大體的期許，更重要的是，讓別人猜不透我們的感覺，如此一來，他人既沒機會來傷害我們，也確保了關係表面的和諧。

可是，感覺是與生俱來的，小孩子餓了會哭、痛了會哭、不舒服會哭，這是很自然的反應，我們卻從不去正視，甚至還否定它的存在。於是每個人就在否定的歷程中，從前人的經驗中，有樣學樣地學會自處之道、生存之道。

有些人在家裡不允許有任何感覺（情緒）的表達，他就會把感覺藏起來；他壓抑著，迴避自己真正的感覺，久而久之，好像沒有情緒這回事，然後感覺

就被遺忘了。事實上，感覺並未真正消失，它一直存在，當累積到一個程度，轉換成強烈的方式反應出來時，就變成「情緒」了。

「強烈的感覺」就是「情緒」。所謂情緒，是指感覺已經強烈到不得不發作時，或是負面的感受已經瀕臨即將爆發出來的時刻。當我們稱某人「情緒化」時，意味著他常常有負面感覺的表達，或是情緒、感覺的表達起伏很大，讓人無法捉摸，有時還帶給旁人無形的緊張與壓力。

所以，有時我們會驚訝某人平常很沉靜，情緒一向沒什麼大起大落，可是卻突然會做出令人意想不到的自殺行為。其實，很多人內在情緒的翻騰，外人常常無法得知。

承認，面對自己的感覺

感覺是攸關我們關係好壞的要素，如果想從關係中獲得成長，就一定要好好看待自己的感覺。因為若我們承認並瞭解自己的感覺，當它即將要轉成情緒時，我們就會先知道，就此可避免掉即將發生的衝突。換句話說，大部分的人對於自己的情緒，是非常後知後覺的。最常見的情況是，很多人明明氣得要

命、氣得跳腳，如果有人對他說：「你生氣啦？」他卻一概否認，這種言行不一，便是他不承認自己是有感覺的，亦不承認自己有情緒。

一個人不願承認，或不能靈敏地去感覺時，自然會被舊有的情緒處理模式所限制。有時候，一個人發生衝突、產生憤怒，或是負面的情緒出現時，他本身並不自覺。總要到事後回想，才會發現自己真正的感覺、情緒，並再次陷入懊悔當中。

感覺與關係又有何關聯呢？「關係」不只有自己，還牽連著別人的感覺，而且是很直接的。我們天天都要與人接觸，除此之外，還夾雜著血緣或其他種種角色的因素，讓關係益發複雜。所以，我們要在極短的時間內，把與人互動產生的感覺情緒抓住，這比起獨自面對自己的感覺、情緒，更相形困難。

大多數的人對於擁有感覺這件事情其實很木訥，甚至遲鈍。例如，嬰兒因肚子餓而哭鬧，因為還不會言語，只好藉由此種方式來表達，於是大人把他抱起來搖一搖，餵他吃東西，孩子就不哭了。由這樣一個小小的動作，可以看到我們的情緒，習慣是由別人來負責處理，由別人來掌控。事實上，情緒與肚子餓是兩回事，可是我們沒辦法把兩者分開，就如同我們總

是將感覺和生活中很多事物混爲一談，於是，在關係中便產生很多問題。

放下心防，聆聽別人的感覺

　　當我們還是小孩子，可能分不清情緒，常由別人來主導自己的情緒，可是長大以後，我們卻沒有改變，仍然用同樣的歸因方式處理、面對情緒。我們常常在行爲、情緒與感覺之間無法釐清，例如，當我跟朋友提到自己做了某件事，而對方卻說我這樣做不好，於是聽完朋友的話之後我感到不悅，甚至對此事也開始賦予負面的評價，便認爲這全都是因爲對方所言的緣故，反而忘了當初去做那件事的，其實是自己。

　　爲何我們的行爲與情緒、感覺是揉雜的，不知該如何分離？這就像照鏡子一樣，我們與鏡子保持些許距離，才會看得清自己，如果將整面鏡子貼在臉上，便無法看見自己。同樣的道理，我們在小時候學習處理情緒的方法便是如此，猶如把鏡子貼在臉上，行爲與情緒、感覺之間就分不開，因此我們常常會用外在歸因的方法來處理。一方面可以爲自己的情緒找到負責任的對象，另一方面又可確保自己的完美。

　　所謂外在歸因，指的是將問題的根源歸咎於外在環境，不反求諸己。例如我今天的心情不好，都是因為外在的人事物所引起的，這是我們小時候便學會的模式，可是長大以後仍然樂此不疲，並沒有隨著長大而有所改變。

　　在這種情況之下，就會陷入其中而無法改善與他人的關係。如何與人建立良好關係，「感覺」、「情緒」是兩大要素，放下心防，勇於審視並學習聆聽自己內心的感覺，進而聆聽別人的感覺，是建立美好關係的第一步。

從虛假中看見自己

我們一定要先明白自己擁有感覺，才有機會從關係中成長。一般而言，人們處於關係當中，卻要求別人負責，希望由別人主動改善這個關係，這樣一來自己便不會痛苦。

例如，失戀時被提出分手的一方，他往往會自認為是一個失敗者，然後產生各種負面的情緒，包括被遺棄、失落等感覺，並且很自然地會將這一切歸因於對方「因為是他要跟我分手，我才會變成這樣」。當一個人歸因外在時，他無法真正認知自己較深層的感覺和情緒。再者，外在歸因等於放棄了自己在關係當中的主動權，讓自己處於被動的位置。以個人成長的角度來看，這也是放棄了讓自己成長的權利。

人，終究有各種「角色」需要扮演，處於「關係」中無法脫逃。只要活在角色裡，就永遠有對立存在，或有二元的關係。有男性，相對就有女性；有父母，相對就有子女；有丈夫，相對就有妻子。在其他關係上，相對主管的是部屬；相對出家人的是居士、在家人；相對師父的是徒弟……不勝枚舉。只要在關係裡，就永遠有角色對待，在對待裡也充滿各自的期待。

有角色，就有衝突對立

可是，每個人都是獨立的個體，擁有自己的生活，不會照著我們所期待的去做。即使孩子是父母生的，可是父母仍無法完全掌控他，於是在二元的角色關係裡，必然會有衝突存在。所以我將衝突視之理所當然，也就是說人與人之間處處充滿衝突、矛盾，這是一個事實，只是與我們的期待有落差。

人與人互動有衝突是必然，因為在所有角色關係裡，一直存在著對立，卻不能因此否認掉自己的感覺。例如父母與小孩的立場不同，父母對孩子有所期望與要求，孩子偏偏不聽話；夫妻相處亦然，先生希望太太能符合自己心目中的「超完美嬌妻」，也許當

太太的可能短時間內會討好先生，可是要她長期隱忍，恐怕就不可能。關係中有期待，就可能有落空，也許沒有爆發衝突，但並不表示對立、衝突不存在。

佛陀當年就是看到了事實——「我們的娑婆世界是顛倒的」。

這讓我領悟到娑婆世界原是人的世界，充滿紛紛擾擾是很自然的，因為我們的身心不是處在淨土。所以，我們生活在此，無論處於任何二元角色關係裡，會出現衝突也是正常的。進一步來說，並不是所有的衝突都要想辦法把它消滅，而且只要雙方關係存在，衝突跟對立永遠沒有消滅的一天。

人與人相處，難免會發生磨擦，因為人與人之間存在著個別差異性，關係親密如夫妻、母女會吵架也屬正常。還有一個有趣的現象，越是親近相處的人，吵架的頻率也越高。

《心經》中所講的顛倒夢想，用來詮釋我們所處的世界很貼切。因為世界本來就存在衝突跟矛盾，我們卻誤認世界應該是和平喜樂的，以為那才是常態，拒絕面對現實。

事實上，娑婆世界裡人跟人之間有差異性，人跟人之間會產生矛盾，人跟人之間會有衝突，這些都是

必然，也是常態。所以有一些心理學家就提出，基本上，人是活在虛假之中。另外，還有心理學家認為，人是活在互相操縱之中。

因為人與人是不同的個體，之間一定存在著差異性，所以當我們要與他人建立關係時，為了自己的快樂，也明白快樂是建築在良好的關係上，可是又無法消弭掉彼此的差異性時，只好「以和為貴」，維持表面關係和諧。然而這樣的關係是虛假的，並不牢固，今日如果對方很堅持己見，我們可能暫時委屈一下自己，附和對方、討好對方，只為了維持良好、完美的關係。

顛倒夢想，虛假的關係

一旦擁有足夠的權力時，當對方的作為造成我們不開心，便會用自己的權威來禁止對方。由於對方懼於我們的權威，可能陽奉陰違，在互動的過程中，建構我們一致認同的「和平」尺度。

心理學所說的「虛假」現象與佛法的「顛倒夢想」之意涵，有很多的類似：人世間的人際互動，多是在一個「虛假」的狀態下進行。但是，我們必須瞭解，在虛假的背後還是有一份真心，就是我們是「真心」

希望「關係是良好的」。

　　這樣的出發點沒錯，可是在互動的過程中，我們用了很多方法來度過衝突，或是抹平差異。事實上，衝突和差異始終都是存在的，我們只是不去正視，能逃避就逃避，所以久而久之，人會以假為真。例如一群朋友聚在一起談天、聊八卦，開心得不得了，然後聚會結束各自回家時，心裡嘀咕著：「某人講話真沒水準」，卻還是告訴自己：「我們關係很好。」

　　在成人世界裡，我們都跳著人際關係的探戈，踩著一進一退的舞步，你進一步、我退一步，如果搭配得好，我們就達到「自以為是」的美好關係。這也是為什麼我們的社會延伸出很多的社交行為，例如佳節送禮、生日時寄個卡片互相關懷……。我們用這樣的方式去經營關係，也以為用這樣便可以維持良好關係。

虛假的人際關係

　　事實上，這個邏輯看似對，卻不盡然，如果我們在關係上的需求或期待是比較深刻時，或是對成長有更高的要求時，便會發現這個邏輯是行不通的，甚至會發現自己的人際關係網絡是很虛假，與人的關係是飄渺的。

　　我曾經在一家餐館，看見一桌四個女性朋友在談話，可是卻各自講著自己的事，似乎沒有人專心在聽別人說話，像是自言自語，不管是否有聽眾。

　　這種情形讓我覺得不可思議，居然有人講話不需要對象，就可以自己不停地講；然後飯吃完、話說完了，人也就散了。當真正需要聽眾時，可能根本沒有人願意聽我們傾訴，人際關係是如此的不踏實。

　　後來我更發現原來自言自語的人多得不得了，可是真正願意聽別人講話的人也不多。我們可能花很多力氣去學溝通技巧，可是，傾聽跟訴說如果沒有真正連結上，那麼關係的建立，或關係的成長，恐怕都是很困難的。

　　如同心理學家所說，人我的互動是虛假的、操控的。這都不是錯誤或壞事，可是「虛假」、「操控」在我們既有的經驗裡，我們已經盡力做到自己的部分，但是對於從關係中成長，到底有多大助益？究竟什麼樣的行為，才可以幫助我們去跨越衝突、去面對差異。

　　所以，我們要回到自身來找到「感覺」。人的感覺是很靈敏的，好比我們與某人不對盤，自己其實心裡有數，我們可能跟他虛與委蛇，即使只講短短十分

鐘的話，也會覺得累，或是一邊講話，卻一邊打起哈
欠，這是因為我們勉強自己，無法找到共同話題的緣
故。

不再與自己玩遊戲

由於角色的對立、二元，所以人的關係充滿冒險，若能從中得到成長，就會感到充滿趣味。為什麼是冒險呢？因為我們要打破自己的虛假、不再操縱，而且把自己最真實的一面與人坦然相見。唯有在這樣情形下，我們才有可能在關係中真正的看見：原來自己這麼怕破壞關係，而為了怕破壞關係，自己盡了多少心力，同時也看到對方付出多少的心力。

我曾與一位朋友深談，她從小生長在一個重男輕女的家庭裡，有一個哥哥和一個弟弟，她從小就是以發脾氣、哭鬧的方式來引起父母的注意。可是，很不幸的，好像沒有成功過，得到她真正想要的。所以在這樣關係中她很痛苦，儘管已經成年了，卻還陷在關

係的痛苦中，因此以逃家的方式，自力更生並完成碩士學位。

然而，出了社會她在工作場合中，卻常常不由自主地爆發情緒，將工作中的人際關係搞砸，導致經常換工作。當她把原有工作辭掉，在轉換另一個工作的空檔時，便會自怨自艾，對象全部都是她的家人，將工作和人際上的不順遂歸咎於自己的家庭，在重男輕女的狀況下得不到父母的注意、關愛……，導致現在日子不好過，所有外在歸因都冒出來了。

自己與自己玩遊戲

在我聽完她的傾訴後，與她一起嘗試探索「自己」，總會出現一個非常憤怒的她，很容易義憤填膺，要求公平對待。她也很容易因為別人對她的不公平對待而生氣，於是便向對方發脾氣，其實，這正是她在家庭中人際關係互動的模式。

但是當她用相同的模式來對待同事或朋友時，對方的反應會覺得她情緒化、無理取鬧，因此不理會她。別人的不理會，就像回到家裡，父母不理會她的情況，於是她便很挫折地從那個關係中敗退下來「自我療傷」。可是經過一段時間，她又藉由一些諮商過

程發洩，發洩完後，全身好像充滿能量，她又重新開始，這樣周而復始地循環。

我問了她一句話：「妳跟妳自己玩這個遊戲，玩了多久？」她的態度馬上防衛起來。她說這是一件非常慎重的事，我怎麼可以說她在跟自己玩遊戲？我回答，我只看到一個很憤怒的她，總是在指責外界，訴說別人對她不公平，別人不瞭解她。當別人覺得她無理取鬧而離開時，她又解讀為是別人先不理我，所以這是別人的錯。於是，她又敗下陣，繼續去自我療傷。

療傷時的她，就變得可憐兮兮的，所以我跟她說：「我看到兩個妳，一個是非常憤怒的妳，一個是非常可憐的妳。那個可憐的妳在自怨自艾時，就不停地告訴自己有多可憐，別人都不理妳了。」之後，那個可憐者就去告訴憤怒者：「你要替我出頭！」於是「憤怒」者奉了「可憐」者的旨意，在下一次類似的情況發生時，又繼續去攻擊別人。攻擊別人之後，敗下陣來，可憐者又出現，如此輪迴的模式和遊戲，她跟自己玩了那麼久卻不自知。

事實上，很多人用這樣的模式在過生活，因為我們在關係裡，總是用一個外在歸因，然後看到自己是

受傷甚至受害的，接著就停留在「受害者」的角色上，想辦法去安慰自己。可是安慰自己的方法卻不正確，所以不停地去指責別人，好像蹺蹺板一樣，兩個不同情緒的自己在兩邊忽高忽低。

誠實面對關係的差異性

這是兩種極端的行為，一個是在對外關係中，在社交為主的行為中，無法在關係裡真正地深入去瞭解彼此；另外一個是內在心裡，藉由不斷壓抑自己的行為，可是又不願意承認，否定了自己的感覺。

這兩種行為，基本上是現代社會人際互動最常出現的模式。一種是與人表面地互動打發日子，假裝日子過得快樂，粉飾太平；另一種則是回到人際關係裡，為了以和為貴覺得自己受傷，然後自我療傷，不去面對衝突，不看彼此的差異，大家好聚好散，求得天下太平。這都是無法在關係中面對差異性，如此的態度，彼此的關係絕對不會深厚，或看似深厚的關係裡，並沒有深入地互相瞭解，滿足與成長就顯得遙不可及。

其實，在這個世界上，如果能夠找到一個非常瞭解自己的人，那是很幸福的！而且對方也會是我們生

命中非常重要的支柱。我們原本就是獨立的個體，也活在孤獨中，能夠被人真正深入瞭解的機率非常低。所以，如果我們對眼前的人際關係不滿意，或者是慣用「消滅差異」、「抹平衝突」的處理方法來面對人際關係，是無法從人際關係中成長。

如果我們有心從既有的關係中走出、成長，重要的關鍵便是問自己：「這個關係真的是我要的嗎？」從這個角度出發，去省視自己的人我關係，誠實地問自己：「我究竟在這樣的關係裡期待什麼？我真正希望的關係又是什麼樣？我期待未來的關係會有何變化？」也許有人會說，很多的關係我已經不敢有期望了，因為總是在那個期望裡失落。因此要強調的重點是：期望是永遠不能放棄，並且要試著改變我們的處理方式。

面對關係時，我們往往用過去經驗所學會的方式，在相處的過程中看不見自己，又不要擁有感覺，於是要找出新的方法很困難。所以，真正要面對關係時，必需要去思考的是：「我對這個關係有所期待，可是我為什麼要期待這樣的一個關係？在這個關係裡，我究竟做了些什麼？」

要避免「我努力了什麼」的想法，很多人一旦用

了「努力」這個詞，便覺得這是別人欠他，因為自己一直在努力，是付出的一方。此時我們應該轉換態度，看看「我做了什麼」，接著「我做了這些事對關係有用嗎？」如果沒有用，那麼就要回頭來問問自己，還有沒有其他的方法？從自己的身上找資源，資源則來自於感覺。此時，我們會發現「感覺」非常有用，而且是正向的，這樣我們才能接觸到在關係中的「眞心」。

慈悲，根本的眞心

很多人會去學很多技巧，可是最終都要回歸到自己的心，從心的感覺著手，找回我們最原始的眞心，然後運用最眞的感覺去與人互動。也就是說，跨越操縱、跨越虛假。

人回到眞心時，是希望自己跟所有的人都有良好的關係與互動，而不是去消滅或抹平俱存的衝突。此時，我們要一層一層地回頭看自己，發覺對人的眞心——慈悲。自己會想對人眞心，便能活在很溫暖、很慈悲的狀態，如此就會想要溫柔的對待周邊的人，即使是不認識的人。當衝突所帶出來的憤怒等情緒都已經化解了，我們會發現人的內在世界是很美的。

　　所以，衝突並不是壞事，不但是常態，它還是轉機。因為我們在跨越衝突的過程當中，一層一層往內看時，可能看到了自己的私心、自以為是、好強與不服輸等，當我們一步一步再深入探究時，我們將會看到，除了這些負面的部分外，原來自己還是希望世界可以和平，希望自己可以對他人好，這樣子的一個過程，就是成長。

　　心理學家雖然說我們活在虛假中，但也告訴我們，當人可以跨越自己的虛假，可以跨越要操縱環境的人事物時，他是一個成長的個體，是逐漸走向自我實現的道路。所以當我們回到慈悲的狀態，對於一個人走向那個自我實現，這個方向是一致的。

走出受害者的角色

很多人在人際互動過程中受到傷害，而發出憤怒的情緒，但在憤怒的背後，其實含有自怨自艾、自憐。此時，唯有自己願意去看自己的內心，想想在互動過程中，究竟是哪些地方讓自己受到傷害，找出真正的問題。

平常我們對於皮外傷的處理，很可能是草率地消毒傷口，即不去管它。在關係上的處理也常常如出一轍，忽略自己受傷害時真正的感覺，不自覺地繼續扮演受害者的角色，並發出：「我受傷了，你來哄哄我吧！」的訊息。

我有個很優秀、出色的女性朋友，因先生外遇，離婚至今三年了，卻始終沒有從失婚的情境中走出

來，還好她並沒有得憂鬱症，只是一直處於失意的狀態。有一次我們在聊天時，我問了她一句話：「妳想想看離婚三年來，妳得到什麼好處？」她非常驚訝地否認，離婚哪來的好處，只是多了一些個人自由，心情卻是始終鬱卒，因爲自己在婚姻中失敗了。

她想了想，承認在扮演「失婚者」角色的三年裡，許多人熱心介紹男朋友給她，家人也常常陪伴她，周遭的朋友怕她無聊，一到週末就約她，所有人的關心都湧來。同時，自己的一蹶不振同時也懲罰了她有外遇的前夫，其中隱含的訊息是：我變成這樣，都是你害的。

扮演受害者，享受好處

像這樣的情況，其實也是虛假、操弄的一部分。我們常因爲扮演「受害者」的角色，尤其是在衝突的過程中感覺自己受傷時，就覺得天下人都對不起我們。於是，我們想辦法替自己療傷，這時候可能再昂貴的衣服也捨得買，再高檔的美食也狠心品嚐，將所有的錢都花在自己身上，一點都不感到心疼。其實這也算是好處，只是我們不自覺。

我們很容易在衝突中學會扮演失敗者或受害者的

角色，然後在角色裡佔盡所有的好處。表面上，好像得到不少好處，實際上，我們卻沒從關係互動中成長。

人常常扮演這樣的角色，沉浸於自憐自艾的情緒中，表現於外在就像受害者。當對方用不符合我們期待的方式對待，就發脾氣，甚至理直氣壯地認為一定要把自己心裡的話說出來，找足理由去傷害對方。受害者去傷害對方，認為這是自衛，是為了要保護自己，是對方逼得我們沒有辦法，只好出手反擊，所以攻擊別人時更加名正言順了。可是冷靜想想，此時說出來的話傷人很深，自己也未必好過。

在傷害別人後，操弄技巧好的人可能會跟對方道歉，解釋自己的行為，然而，這並不保證下一次不會再去攻擊人。並且一而再、再而三的玩這個把戲，活在這樣的遊戲中樂此不疲。可是我們真的快樂嗎？我們不快樂，周圍的人也不快樂，因為被牽連了，我們當然無法從關係中獲得成長。

如果可以清楚認知自己的行為模式，並從此不想再扮演受害者角色時，我們才有可能從固定模式中走出來。但是，這需要極大的勇氣，因為模式的背後是一個很大的承擔。換句話說，生命是屬於自己，要如

何過日子，其實別人左右不了我們，只有自己能左右。如果自己選擇扮演被害者的角色，別人也拿我們沒辦法。所以，我們必須要反問自己，要不要這樣繼續下去？如果不要的話，只有拿出很大的勇氣與決心來改變自己。

下決心走出舊有關係模式

當下定決心，要真正扛起責任時，才有勇氣去看清楚自己到底在玩什麼把戲；如果無法面對自我真實的感覺，就永遠無法掙脫舊有的關係模式。

舉例來說，今天我們可能穿了一身很漂亮的衣服，可是身旁邊的人並沒有說任何的意見，也許只多看兩眼而已，我們便開始自我解讀：「他這樣看我是什麼意思？」、「他覺得我穿不出衣服的品味嗎？」、「我不適合這樣穿嗎？」，或是「我不夠格穿這樣的衣服？」。無形中，「受害者」的角色已經冒出來了，這時候我們看對方的眼光就變得很不自然，然後，對方也回以不友善的眼光。這個「受害者」就會開始回想以前兩人的互動，例如曾發生什麼過節，所有的事情一下子進入到這樣的解讀系統去。

因此，不可否認的，有時我們的衝突是自己引發

的，這也是爲什麼我們一定要擁有感覺的原因，假如我們不曾擁有感覺，我們無法去解讀事物。當別人看了我們一眼，我們心裡會因爲這瞟過來的眼神而感到不舒服，只歸咎於外在歸因，卻不回到自己的身上來找答案。

如果我們對於自己的感覺不靈敏，對於別人的反應，自然就會用受害者或是既有的模式去解讀。當用這樣的角度去解讀感覺時，很可能就已進入負面思考的模式中。此時，就算表面上沒有發生任何衝突，其實心裡已產生疙瘩。所以，要脫離被害者的角色，很重要的是，不但要「擁有」感覺，更要瞭解該如何「解讀」感覺。

擁有並解讀感覺

其實，「受害者」的角色或是關係中的很多衝突，只是跟自己玩遊戲的結果，所以我們要反其道而行，先去解開問題的關鍵：「我們擁有真正的感覺嗎？又該如何解讀自己的感覺呢？」

以佛法來說，佛教提供了一套修行的方法，幫助我們解讀自己的感覺，然後讓我們尋找一個內在歸因的角度。我們從中去省思時，就可能發現自己的行爲

模式，當我們再去面對感覺時，原有的衝突也消失了。

有時候我們沒把問題釐清就跳到溝通，便會發現彼此溝通不良，這也是爲什麼很多人花了錢去學溝通，結果卻是無效。這個問題不在「溝通」本身，或是「技巧」沒用，而是技巧用在自己身上時無效。因爲我們的內在和自己的溝通沒有做好，此時再跟外界環境互動，溝通就成了一團亂，變成有話也說不清楚。當話愈說不清楚，人跟人之間的差異性就愈明顯，然後也就愈無解，愈無解，很多事情就理不清、理還亂。

如果我們眞的希望自己能在關係互動中成長，我們不應期待由周圍的人先改變、先成長，而是要反求諸己。如此一來我們便會發現，當自己能夠成長時，周圍的人也會因而受益；當他人受益時，自己自然也會有所成長。

藉由修行，獲得成長

禪修是一個幫助我們更認識自己的良方，因爲禪修所使用的方法，基本上是將我們對外的注意力收攝回來，回歸到自己身上。舉例來說，當人們打坐時會

產生一堆妄念，這也很有價值，因為即使胡思亂想，還是會把我們的注意力拉回到自己身上，這是很自然的。

當注意力都回到自己身上時，便要問自己：「為什麼我的念頭是這樣子？」並不停地去找自己那個胡思亂想的源頭，慢慢地開始注意到原本的模式：自以為是、倔強、不肯認輸、太在乎別人的看法……。

這時我們會發現原來「自己」這麼大，希望是「受害者」的自己是這麼大，然後開始一點一滴地去反省、整理自己，漸漸地便會發現我們的心安定下來了。此時，我們才真正知道何謂平靜、安定，甚至是禪悅，原來這才是我們一直想要尋找的。

因為要解決衝突，我們要找因應之道，希望能夠平安度過衝突，然後處於安定的狀態。除了選擇禪修、打坐，還可以每天撥出一點時間來獨處，安靜地面對自己。為什麼要安靜的面對自己呢？因為獨處時，我們可能在看書、聽音樂，只是暫時不與人互動而已，可是跟周遭環境還是有很多其他的互動，這並非真正與自己獨處。

當我們能夠獨處時，即能觀照到內心，看見自己的內在，並一步步整理自己。孔子說：「吾日三省吾

身。」也就是要人們多多與自己獨處，知道自己的真實狀態。事實上，人應該是時時刻刻都在省思自己的狀態，這樣才能很靈敏地知道自己現在是何種狀態、擁有什麼樣的感覺。進而與人互動時，才能從關係中看到彼此的差異性，並包容彼此，從衝突中學習化解、成長。這樣，才能真正走出「受害者」的角色。

國家圖書館出版品預行編目資料

親密、孤獨與自由：關於人生的 25 道習題 / 楊
蓓著. —— 初版. —— 臺北市：法鼓文化，
2006〔民95〕
　　面；　公分

　　ISBN 978-957-598-366-6（平裝）

　　1.自我（心理學）　2.人生哲學　3.人際關係

173.75　　　　　　　　　　　　　95015862

親密、孤獨與自由
—— 關於人生的25道習題

著者	楊蓓
出版	法鼓文化
總監	釋果賢
總編輯	陳重光
編輯	李金瑛
封面設計	吳懿儒
地址	臺北市北投區公館路186號5樓
	電話：(02)2893-4646
	傳真：(02)2896-0731
網址	http://www.ddc.com.tw
E-mail	market@ddc.com.tw
讀者服務專線	(02)2896-1600
初版一刷	2006年9月
初版十三刷	2019年10月
建議售價	新臺幣200元
郵撥帳號	50013371
戶名	財團法人法鼓山文教基金會－法鼓文化
北美經銷處	紐約東初禪寺
	Chan Meditation Center (New York, USA)
	Tel: (718)592-6593
	Fax: (718)592-0717

本書如有缺頁、破損、裝訂錯誤，請寄回本社調換。有著作權‧不可翻印。

法鼓文化